Digitale Transformation und Agilität in der Praxis

Winfried Neun

Digitale Transformation und Agilität in der Praxis

Veränderungsbereitschaft in
Unternehmen fördern durch
Background-Personality-Management

Winfried Neun
K.O.M. GmbH
Allensbach, Deutschland

ISBN 978-3-658-19623-3   ISBN 978-3-658-19624-0 (eBook)
https://doi.org/10.1007/978-3-658-19624-0

Die Deutsche Nationalbibliothek verzeichnet diese Publikation in der Deutschen Nationalbibliografie; detaillierte bibliografische Daten sind im Internet über http://dnb.d-nb.de abrufbar.

Springer Gabler
© Springer Fachmedien Wiesbaden GmbH, ein Teil von Springer Nature 2020

Lektorat: Manuela Eckstein

Springer Gabler ist ein Imprint der eingetragenen Gesellschaft Springer Fachmedien Wiesbaden GmbH und ist ein Teil von Springer Nature.
Die Anschrift der Gesellschaft ist: Abraham-Lincoln-Str. 46, 65189 Wiesbaden, Germany

Vorwort

Als ich vor einigen Jahren damit begann, die Ursachen für viele miss-glückte Veränderungsprozesse in den Unternehmen zu erforschen, ent-deckte ich ein ganz besonderes Phänomen, das in vielen Fällen die Ursache für zu wenig Eigeninitiative, Eigenverantwortlichkeit und Flexibilität in den Organisationen darstellte und den Erfolg von Change-Projekten be-einträchtigte: die Background Personality. In Zusammenarbeit mit der psychologischen Fakultät der Hochschule Osnabrück entstand ein For-schungsprojekt zur Identifikation von verdeckten und schwer steuerbaren Prozessen bzw. Emotionen in Organisationseinheiten während eines Veränderungsprozesses. Die Ergebnisse dieses Forschungsansatzes und ihre Nutzung im beruflichen Alltag bilden die Basis dieses Buches.

Ausschlaggebend für den Forschungsansatz war eine simple Frage aus dem Bereich des Sports, nämlich des Fußballs: Warum ist dieselbe Mannschaft bei einem Trainer weniger erfolgreich und bei einem anderen mehr, obwohl dieselben Methoden und Techniken im Training angewen-det werden? Auf die Wirtschaft übertragen bedeutet dies: Warum sind manche Abteilungen, bei gleichem Führungsstil und gleicher Füh-rungskultur, bei der einen Führungskraft schneller, effizienter und kreati-ver als bei einer anderen? Sicherlich denken Sie jetzt, dass es an der Persönlichkeit der Führungskraft und deren Art zu führen liegt. Nach unseren Untersuchungen ist das aber nur die halbe Wahrheit. Ansonsten wäre es kaum zu erklären, warum trotz eines Wechsels in den Führungsetagen oft keine Steigerung der Motivation und der Leistungsfähigkeit in den Organisationseinheiten erfolgt.

Den Dreh- und Angelpunkt bildet die Ausgestaltung der Background Personality. Diese unsichtbare Hand steuert über Wechselwirkungen und soziale Interaktionen die Menschen im Denken und Handeln. Wer diese Mechanismen erkennt und steuern kann, der wird sehr erfolgreich jegliche Art von Veränderung meistern – und auch Mitarbeiter mitziehen. Diese gezielte Beeinflussung durch eine besondere Form der Affektregulation, im allgemeinen Sprachgebrauch auch Stimmungsmanagement genannt, eröffnet neue Möglichkeiten für Teams und schafft somit neue Erfolgspotenziale.

Gerade bei der digitalen Transformation spielt diese Art des Managements eine besondere Rolle. Die Geschwindigkeit der Veränderung verlangt von den Organisationen ein hohes Maß an Agilität. Diese Agilität wird vor allem durch ein Background-Personality-Management geschaffen, das schnell und unkompliziert auf unterschiedliche Affekteinflüsse von innen und außen reagieren kann. Kennzeichnend hierbei ist, dass die Phasen des Grübelns, des Nicht-Handelns (in der Psychologie: Lageorientierung) und der unnötigen Diskussionen nach Sinnhaftigkeit und nach Gefahren auf das absolute Mindestmaß reduziert sind.

Damit hat unsere Forschungsarbeit eine revolutionäre Perspektive auf das Funktionieren von Organisationen hervorgebracht. Es geht dabei nicht nur um mehr Zufriedenheit oder Motivation, sondern auch um weniger Krankheitstage, schnellere Prozesse, mehr Eigeninitiative und einen gezielteren Einsatz der raren Fachkräfte im Zeitalter des digitalen Wandels und Fachkräftemangels. Die Kosten im Rahmen von Change-Prozessen konnten hierdurch bis zu 30 % reduziert werden, und die Krankheitsquoten verringerten sich bis auf drei Prozent. Gerade bei der Führung von virtuellen Teams im Rahmen der globalen Digitalisierung zeigte sich, dass Background-Personality-Management erstaunliche Optimierungsansätze bot, im Extremfall wurden sogar manche Führungsebenen obsolet.

Sicherlich werden viele Leser das Phänomen des Background-Personality-Managements unter dem Begriff Kultur einordnen. Das wäre aber falsch, denn das Background-Personality-Management ist nicht nur Kultur, sondern eine Mischung aus

- Motivationsfaktoren,
- Emotionssteuerung,
- Kultur,
- Sozialpsychologie,
- Persönlichkeitsmanagement und
- Organisationspsychologie,

also ein Forschungsansatz im Grenzbereich verschiedenster Disziplinen. Als Basis dieser Theorie dienen jedoch die Forschungsergebnisse des Persönlichkeitsforschers Prof. Dr. Julius Kuhl, dem ich an dieser Stelle auch für seine aktive Unterstützung danken möchte. Prof. Julius Kuhl lehrt an der Universität Osnabrück und hat anhand vieler Forschungsergebnisse seine Persönlichkeitssystem-Interaktionstheorie – kurz PSI-Theorie – entwickelt. Diese Ergebnisse waren der Ausgangspunkt für die Erforschung und Entwicklung der Background-Personality-Theorie.

Damit erklärt sich auch die Besonderheit dieses Ratgebers für Führungskräfte und Unternehmenslenker. Es geht nicht nur darum, eine Disziplin zu strapazieren (z. B. BWL oder Psychologie), sondern durch gezieltes, fachgebietsübergreifendes Querdenken neue Aspekte und Hilfestellungen für die Gestaltung von immer schneller werdenden Veränderungsprozessen zu entdecken und für die Praxis nutzbar zu machen. Diese Hilfestellungen basieren nicht nur auf den wissenschaftlichen Untersuchungen, sondern auch auf vielen parallel durchgeführten Projekterfahrungen, Coachings und Begleitungen von Change-Prozessen in den letzten 25 Jahren meiner Berater- und Coaching-Tätigkeit in der K.O.M. GmbH. Daher ist dieses Buch keine wissenschaftliche Abhandlung, sondern die Zusammenführung neuester Erkenntnisse und Erfahrungen zur Steuerung und Führung von Organisationen und Teams in der Praxis.

Da im Zeitalter der digitalen Transformation viele unterschiedliche und vor allem komplexe Veränderungen auf Organisationen zukommen, soll dieses Buch eine Bereicherung und Hilfestellung zur erfolgreichen Bewältigung dieser zukünftigen Herausforderungen sein.

Ich wünsche allen Leserinnen und Lesern viel Spaß beim Lesen, aber noch mehr Spaß und Erfolg beim Anwenden der vorgestellten Tipps. Übrigens verzichte ich der Einfachheit halber darauf, Berufsbezeichnungen zu gendern, hoffe aber gleichzeitig, dass sich beide Geschlechter gleichermaßen angesprochen fühlen.

An dieser Stelle möchte ich meinen Gastgebern und Freunden Gabi & Urs Niggeler vom „Bellavista" in Brissago, Schweiz, für die hervorragende Bewirtung und Betreuung bei diesem Buchprojekt sehr herzlich danken. Ebenso geht mein Dank an Susanne Ellinger für die aktive Unterstützung bei der Textredigierung und Organisation von Unterlagen.

Allensbach, im Januar 2020   Winfried Neun

Inhaltsverzeichnis

Über den Autor

Winfried Neun ist einer der bekanntesten und profiliertesten Wirtschaftspsychologen und Verhaltensökonomen Deutschlands. Als Gründer und Geschäftsführer der K.O.M. Kommunikations- und Managementberatungs GmbH verfügt Winfried Neun seit annähernd 30 Jahren über Erfahrungen als selbstständiger Berater und Coach.

Er ist gefragter Referent auf Kongressen und Symposien, Fachautor in namhaften Printmedien sowie im Fernsehbereich und in diversen mittelständischen Unternehmen als Beirat aktiv. Seine Bücher „Nach dem Crash ist vor dem Crash" (2012) und „Innovationen im Mittelstand erfolgreich managen" (2015) sind ebenfalls bei Springer Gabler erschienen.

Kontakt:
www.verhaltengestalten.de
www.kom-neun.de

Teil I

Background Personality

1

Theorie der Background Personality

Worum geht es?

- um die neuesten Erkenntnisse aus Forschungsprojekten
- um die Bereitstellung von neuen Einsichten in das Verhalten von Organisationen

1.1 Wirtschaftspsychologische Einordnung

Die Wirtschaftswissenschaften konzentrieren sich überwiegend auf die Entwicklung von mikro- oder makroorientierten Modellen, um Wirkmechanismen im Wirtschaftsleben oder in Organisationen zu beschreiben. Erst durch die Verleihung des Wirtschaftsnobelpreises an Richard H. Thaler im Jahr 2017 rückte die Wirtschaftspsychologie in den Focus der Unternehmenslenker – allerdings nur zögerlich und nicht umfassend genug, um die vorhandenen Potenziale dieser Wissenschaftsdisziplin praktisch zu nutzen. Nudging – so nannte Thaler seinen Ansatz, den er vor allem aus volkswirtschaftlicher Sicht heraus entwickelte. Das „Anschubsen" von Entscheidungen oder Verhaltensmustern ist in der Psychologie

© Springer Fachmedien Wiesbaden GmbH, ein Teil von Springer Nature 2020
W. Neun, *Digitale Transformation und Agilität in der Praxis*,
https://doi.org/10.1007/978-3-658-19624-0_1

schon sehr lange ein Forschungsgebiet mit erstaunlichen Ergebnissen. Die Anwendung dieser Erkenntnisse in der Betriebswirtschaftslehre findet aber nur zögerlich statt. Ein Grund hierfür ist sicherlich unter anderem das bestehende Managerbild in vielen Chefetagen. Der kühle, berechnende, taktierende und auf Zahlen, Daten und Fakten fokussierte Manager dient immer noch als Vorbild für viele Nachwuchsführungskräfte. Dabei hat sich die Erkenntnis, dass der Mensch als zentraler Erfolgsfaktor in Organisationen gilt, schon seit den 1990er-Jahren etabliert. Da die Wirtschaftsfakultäten allerdings erst seit einigen Jahren Wirtschaftspsychologie als Fachbereich anbieten, findet diese Disziplin in der klassischen Managerausbildung kaum Berücksichtigung.

Der Homo oeconomicus existiert aber nicht. Schaut man sich jedoch die Lehrbücher der Wirtschaftswissenschaften an, so stellt man fest, dass der Faktor Mensch, außer als Faktor Arbeit, nur wenig berücksichtigt wird. Es wird immer davon ausgegangen, dass der Mensch ein rationales Wesen ist und damit rational entscheidet – ein Irrglaube, den die Psychologie schon lange bewiesen hat. Das beste Beispiel hierfür ist das oft irrationale Verhalten an der Börse – ein Verhalten, das sich weder durch mathematische Modelle noch durch allgemeine wirtschaftswissenschaftliche Theorien vollständig erklären lässt.

Das Grundprinzip des Nudging basiert auf der Erkenntnis, dass der menschliche Verstand an sich sehr faul ist – er ist eine perfekte Energiesparmaschine. Daher vermeiden wir immer Aufgaben oder Inhalte, die uns mehr Energie kosten als andere, weil wir z. B. logisch denken, vergleichen oder abwägen und aktiv werden müssen. Daher bedeutet anschubsen oder nudging, dass wir den Energieverbrauch in unserem Gehirn, z. B. durch Beeinflussung der Wahrnehmung, gesteuert bekommen. Ein Beispiel hierfür hat Thaler in seinem Buch *Nudge* sehr ausführlich beschrieben (Thaler und Sunstein 2008, S. 19 ff.).

> **Beispiel**
>
> Wenn z. B. in einer Kantine die gesunden Nahrungsmittel wie Obst und Gemüse auf Augenhöhe platziert sind und die Süßigkeiten schwerer zugänglich sind, konnte Thaler nachweisen, dass der Energieaufwand, um an die Süßigkeiten zu kommen, durch viele Probanden vermieden wurde und da-

mit die Nachfrage nach Obst und Gemüse in der Kantine signifikant anstieg. Durch den Nudge, das Obst und Gemüse besser zu platzieren und den Energieaufwand für Süßigkeiten zu steigern, wurde eine Verhaltensänderung eingeleitet.

Dieses Beispiel ist zwar sehr simpel, aber es verdeutlicht sehr anschaulich, wie der Mensch über gezielte Anwendung von psychologischem Wissen (schaffen von Verhaltenspräferenzen und Affektregulation) steuerbar ist.

Genau diese psychologischen Mechanismen steuern auch die Background Personality. Es gibt in Organisationseinheiten Präferenzen, Nudges, Wahrnehmungsverschiebungen, Affektsteuerungen, um nur einige Beispiele zu nennen, die eine zielorientierte Führung erschweren oder gar unmöglich machen. Gerade bei Veränderungen ist das gezielte Steuern (Nudging) von Emotionen, Wahrnehmungen und Informationsverarbeitung in der Organisationseinheit erfolgsbestimmend. Nur wer diese Aktions-/Reaktionsmechanismen im Beurteilen, Entscheiden und Verhalten von Menschen erkennt und steuert, kann seine Ziele auch zum Wohle der Menschen erfolgreich umsetzen.

Gerade jetzt, wo Menschen durch die Digitalisierung unserer Gesellschaft immer stärker mit Veränderungen konfrontiert sind, steigt die Belastung des Einzelnen erheblich, nicht nur privat, sondern gerade auch in den Unternehmen. Achtsamkeit wird in den Personalabteilungen als Gegentrend zu dieser Belastungswelle diskutiert – eine sinnvolle, aber kaum aussichtsreiche Diskussion. Unsere Studien haben gezeigt, dass Menschen, die sich achtsam verhalten, für sich selbst sehr schnell gute Ergebnisse im Umgang mit Veränderungsstress oder allgemeinem Stress erzielen. Sobald diese Probanden aber wieder zurück in ein Background-Personality-Management müssen, das für sie unerträglich oder extrem anstrengend ist, verpufft der Erholungseffekt. Das System Background-Personality-Management raubt dem Individuum zu viel Energie, weil die Wirkmechanismen das Background-Personality-Management eher belasten statt entlasten. Daher ist der große Trend Achtsamkeit auf individueller Ebene absolut zu befürworten, auf organisatorischer und damit soziologischer Ebene jedoch kaum wirksam. Ein krankmachendes Background-Personality-Management kann durch Achtsamkeitsübungen nicht kompensiert werden. Hier sind Führungskräfte gefragt, die das Background-Personality-Management gezielt verändern, sodass die Belastungen und damit auch Krankheitsquoten reduziert werden.

Damit wird sehr schnell deutlich, dass ein professionelles Background-Personality-Management genauso wichtig für den Erfolg eines Unternehmens ist wie Finanz-/Vertriebs-/Marketingmanagement etc. Untermauert wird diese Forderung noch dadurch, dass durch den immer dramatischer werdenden Fachkräftemangel die Steuerung das Background-Personality-Management neue Möglichkeiten bietet, um mit weniger Fachkräften noch mehr zu leisten – und dies bei geringerer psychologischer Belastung der Mitarbeiter.

1.2 Das Grundprinzip der Background Personality

Das Konzept des Background-Personality-Managements basiert auf der Vorstellung, dass die Dynamiken in einem Unternehmen mit denen einer Person vergleichbar sind. Dieser Ansatz ist zwar erst einmal nichts Neues, aber die Anwendung von persönlichkeitspsychologischen Forschungsergebnissen auf die „Persönlichkeit" eines Unternehmens geht einen Schritt weiter als die bisherigen Betrachtungen von Werten und deren Entwicklung bzw. Anwendung bei Individuen und Unternehmen. Wie in der Persönlichkeitspsychologie auch, betrachten wir das Unternehmen damit nicht über seine Werte oder das, was es vorgibt zu sein, sondern über konkretes Verhalten und Verhaltenssteuerung. Wichtiger ist demnach eher, wie ein Unternehmen, ein Bereich oder eine Abteilung in bestimmten Situationen reagiert und ob dieses Verhalten in der Situation auch angebracht ist und die entsprechende Entität weiterbringt. Hier mag die Unternehmenskultur mit hineinspielen, sie stellt aber nur einen Teilfaktor von vielen dar, der ausschlaggebend für das Verhalten ist.

Darüber hinaus erklärt der Ansatz über die Unternehmens- und Führungskultur nicht den Nudging-Prozess in den Organisationseinheiten, der entweder von außen oder vom Inneren der Organisationseinheit selbst ausgelöst wurde. Die Background-Personality-Theorie liefert hierfür plausible Erklärungen. Erst nachdem es gelungen ist, das Background-Personality-Management messbar zu machen, konnten auch Ansätze zur Steuerung und Beeinflussung entwickelt werden. Somit war ein neuer Managementansatz geboren.

Die Erfassung des Background-Personality-Managements in der Organisation erfolgt über ein neu entwickeltes und mehrdimensionales Analyseinstrument mit dem Namen K.O.M.-PAKT®. Es basiert auf der PSI-Theorie von Prof. Dr. Julius Kuhl an der Universität Osnabrück. Kuhl hat über Jahrzehnte hinweg die Persönlichkeitsentwicklung auf der Individualebene erforscht. Diese Forschungsergebnisse dienten als Basis, um daraus das Analysetool K.O.M.-PAKT® zu entwickeln. Im Gegensatz zu den traditionellen Analysemethoden gewann bei K.O.M.-PAKT® ein weiterer Aspekt an Bedeutung.

Dieser Aspekt basierte auf der Überlegung, dass eine sinnvolle Aussage nur dann möglich ist, wenn erfasst wird, welches Verhalten in den entsprechenden Situationen eigentlich zielführend und ertragsbringend wäre. Dies kann zum einen im Rahmen eines Benchmarks definiert werden oder aber durch die Befragten selbst, indem die Befragten einen Soll-Wert für das optimale Verhalten und damit das optimale Background-Personality-Management entwerfen. In einem nächsten Schritt müssen aus dem Soll-/Ist-Vergleich heraus zentrale Steuerungsansätze für das Background-Personality-Management entwickelt werden. Handlungsmuster und Führungsansätze sind dabei nur zwei von über 15 verschiedenen Aspekten zur Steuerung und Veränderung der Background Personality.

Wie bei der Persönlichkeit einzelner Menschen auch, ist die Verhaltens- und Habitus-Änderung aber kein Ad-hoc-Unterfangen, sondern ein längerer Prozess, der ständiger Anpassung und Steuerung bedarf. Deswegen ist es sinnvoll, hierfür intern ausgewählte Führungskräfte und Mitarbeiter auszubilden und einzusetzen – sogenannte Performance Improvement Agents. Sie sorgen dann für nachhaltige Umsetzung/Betreuung mit einem vertretbaren Kostenrahmen und sehr schnellem ROI. Die Performance Improvement Agents sorgen dabei nicht nur für eine Überwachung und Steuerung der Veränderungsprozesse, sondern helfen vor allem, neue Verhaltensweisen für das Background-Personality-

Management zu entwickeln. Denn jeder, der versucht hat, sich eine lieb gewonnene Verhaltensweise abzugewöhnen, weiß, wie schwer und langwierig dies ist, vom Erfolg einmal ganz zu schweigen. Wichtig ist deswegen, hierbei alternative Verhaltensweisen aufzubauen, meist im Dialog mit Dritten, um dann eine echte Veränderung sicherzustellen.

Dies gilt für Organisationseinheiten in besonderem Maße, denn durch die permanente Interaktion der Individuen im Unternehmen und dem damit verbundenen Trägheitsmoment bei Veränderungen läuft das Background-Personality-Management schnell Gefahr, in das alte Fahrwasser zurückzukehren. Damit aber diese veränderten Verhaltensweisen auch verstanden und verinnerlicht werden, müssen sie als gewünschte Alternativen aufgezeigt werden. Ein Verbot der alten Verhaltensweisen würde nur zur kurzfristen Schmerzvermeidung, aber nicht zu einer nachhaltigen Veränderung führen. Deswegen übernehmen die ausgebildeten Performance Improvement Agents eine Schlüsselaufgabe bei der Umgestaltung einer Background Personality: Sie inspirieren und stabilisieren den Veränderungsprozess.

Vermutlich werden Sie sich jetzt fragen, was ein Background-Personality-Management im Detail ist und wie man es erkennt bzw. managt. Werfen wir dazu einen Blick auf die Vorgehensweise des Background-Personality-Managements. In Kap. 2 gehen wir näher auf die Arbeitsweise unseres Gehirns ein und beschäftigen uns mit den Parallelen zur Background Personality.

Literatur

Kuhl J (2001) Motivation und Persönlichkeit – Interaktion psychischer Systeme. Hogrefe, Göttingen
Neun W (2015) Innovationen im Mittelstand erfolgreich managen. Springer Fachmedien Wiesbaden GmbH, Wiesbaden
Thaler R, Sunstein C (2008) Nudge: Wie man kluge Entscheidungen anstößt. Ullstein, Berlin

2

K.O.M.-Motivator® und Background Personality

Worum geht es?

- Um die Art und Weise, wie in unserem Gehirn Informationen verarbeitet werden
- Um die Frage, wie Affekte unser Verhalten steuern
- Um den Ansatz, mit Gelassenheit komplexe Probleme lösen zu können

Wie bereits erwähnt, basiert das Background-Personality-Management auf den Forschungsergebnissen von Prof. Dr. Kuhl und seiner daraus abgeleiteten PSI-Theorie. Diese PSI-Theorie erklärt im Grundsatz, wie die Informationsverarbeitung von Menschen und damit deren Verhalten über Affekte gesteuert wird. Affekte sind dabei Gefühle, Emotionen, Empfindungen und teilweise auch Einstellungen, die unsere kognitiven Leistungen beeinflussen.

Die Persönlichkeitssystem-Interaktionstheorie (PSI) geht dabei davon aus, dass wir in vier verschiedenen Systemen auf unterschiedliche Art mit Affekten umgehen. Dies bedeutet auch, dass bestimmte Affekte in unterschiedlichen Systemen verarbeitet werden. Abb. 2.1 zeigt diese Systeme und ihren Zusammenhang mit den jeweiligen Affekten.

© Springer Fachmedien Wiesbaden GmbH, ein Teil von Springer Nature 2020
W. Neun, *Digitale Transformation und Agilität in der Praxis*,
https://doi.org/10.1007/978-3-658-19624-0_2

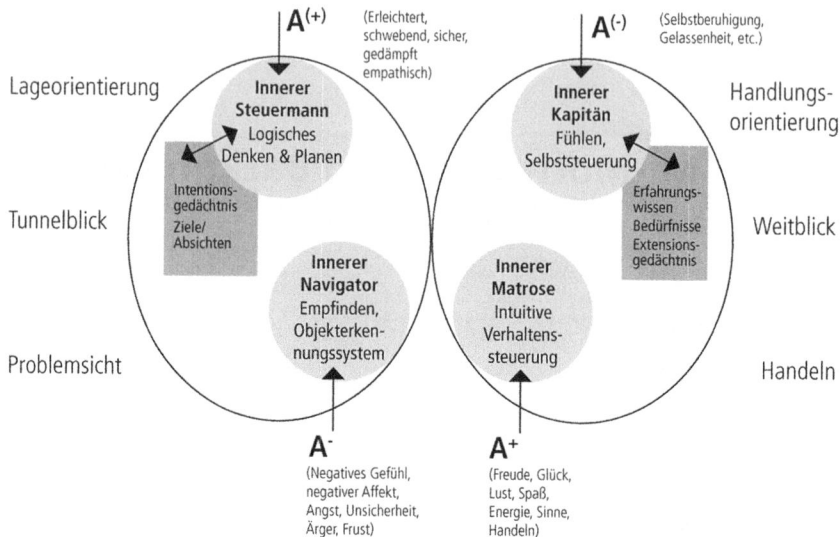

Abb. 2.1 PSI-Theorie – vier Systeme nach Kuhl 2001. (Aus Neun 2015, S. 107; mit freundlicher Genehmigung von © Springer Fachmedien Wiesbaden GmbH 2015. All Rights Reserved)

2.1 Die Vorgehensweise des Background-Personality-Managements

Beginnen wir mit dem Grundaufbau der Abb. 2.1. Die beiden ovalen Kreise stellen die rechte und linke Gehirnhälfte dar. Wir blicken also von oben direkt auf unser Gehirn, und die vier Kreise stellen symbolhaft die Systeme gemäß PSI-Theorie dar. Über verschiedene bildgebende Verfahren können diese Systeme im Gehirn lokalisiert bzw. dargestellt werden. Zum Thema Aufbau des Gehirns gibt es ausreichend Literatur, deshalb verzichte ich an dieser Stelle auf weitere Ausführungen. Sie finden jedoch im Anhang ein weiterführendes Literaturverzeichnis mit Publikationen zum Thema Neurowissenschaften.

Diese Systeme der PSI-Theorie auf Individualebene lassen sich auch in Gemeinschaften als die Summe von Individuen sehr gut messen. Dabei wird über entsprechende Befragungsmethoden ein möglicher Bias ausgeschlossen. Lassen Sie uns nun mit der Erläuterung des ersten Systems beginnen.

Der Innere Navigator
Der Innere Navigator steuert unsere Wahrnehmung auf verschiedenste Art und Weise (s. Abb. 2.2). Er wird durch negative Affekte, also Empfindungen wie Angst, Enttäuschung, Existenzangst, Schuld, Angriff und Furcht aktiviert. In der Psychologie wird er auch als das Objekterkennungssystem (OES) bezeichnet. Diesen Namen trägt der Innere Navigator nicht zu Unrecht. Denn durch seine Aktivierung steuern wir unsere Wahrnehmung und unser Handeln gezielt auf einzelne Objekte, was ein wichtiges Verhalten für das Überleben der Spezies Homo Sapiens ist. Denn in lebensbedrohlichen Situationen ist es wichtig, die Gefahr und damit verbundene Risiken sehr schnell zu erkennen und zu analysieren,

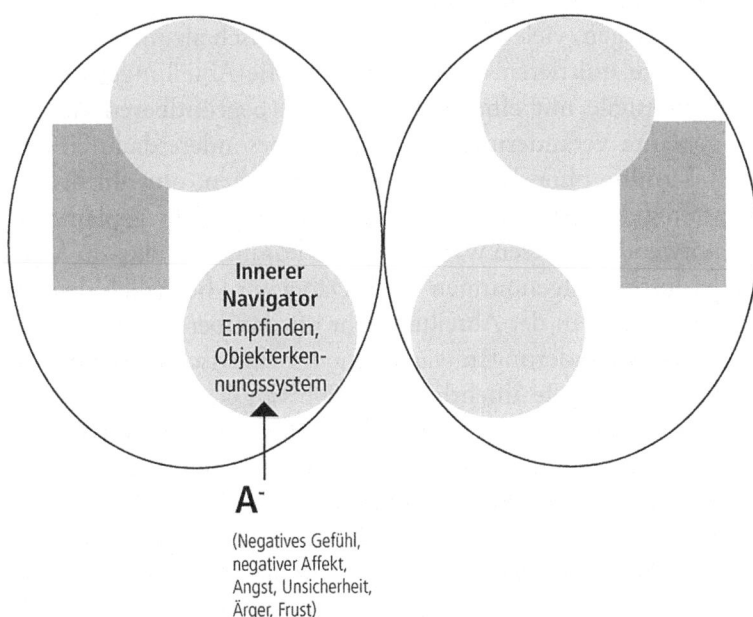

Abb. 2.2 Objekterkennungssystem (linke Seite) nach Kuhl 2001. (In Anlehnung an Neun 2015, S. 114; mit freundlicher Genehmigung von © Springer Fachmedien Wiesbaden GmbH 2015. All Rights Reserved)

und zwar intuitiv. Dieses System ist dabei ständig aktiv und schläft nie. Denn auch unbewusst arbeitet das OES sehr präzise.

Hatten Sie nicht auch schon einmal das Gefühl, hier stimmt etwas nicht, hier passt etwas nicht oder der Kollege ist heute aber komisch? Dieser Soll-/Ist-Vergleich kommt aus dem OES und ist kein rationaler Prozess, sondern ein intuitiver. Er wird später zum kognitiven Prozess, sofern der Soll-/Ist-Vergleich dies für nötig erachtet, d. h., wenn die Widersprüche zwischen so, wie es sein „sollte", und so, wie es „ist", zu groß werden, um diese ignorieren zu können. Ignorieren bedeutet hierbei, dass der Organismus, oder wie wir später noch sehen werden, die Abteilung gezwungen wird, sich mit dem Sachverhalt auseinanderzusetzen. Dies ist immer dann der Fall, wenn das Delta zwischen Soll und Ist zu einer Bedrohung werden könnte.

Nun haben wir in unseren Untersuchungen festgestellt, dass dieses System auch in Gruppen, als eine Art kollektives OES, existiert und wirksam ist. Es ist sehr oft dadurch erkennbar, dass z. B. manche Abteilungen dazu neigen, viele neue Ansätze kategorisch abzulehnen oder mit Desinteresse zu quittieren. Dabei reagieren die Abteilungen oder auch Unternehmensteile mit einer teilweise nicht begründbaren Ablehnung auf die geplante Veränderung. Dies wird insbesondere dadurch erkennbar, dass Termine ohne Rückmeldung verstreichen, obwohl bis zu den vereinbarten Terminen wichtige Ausarbeitungen für die geplante Veränderung notwendig gewesen wären. Oder es kommt vor, dass an Meetings nicht oder lustlos teilgenommen wird. Dabei wird bezüglich der geplanten Veränderungen in der Abteilung sehr oft darüber diskutiert, wie unmöglich diese Veränderungen wären, wie unrealistisch das Management dies geplant hätte, wie unehrlich die Führungskräfte hinsichtlich der wahren Motive sind und wie unvorstellbar diese neue Organisation wäre.

Alle diese Aussagen und Diskussionen in den Gängen und in der Kaffeeküche sowie am Arbeitsplatz rauben sehr viel Energie und sorgen für eine extreme Objekterkennung und damit zur Lageorientierung. Lageorientierung bedeutet, dass sich nichts bewegt. Es wird viel diskutiert, analysiert und konzipiert, aber nichts wird umgesetzt. Damit werden Zeit und Ressourcen verschwendet, die trotz massiver Appelle der Führungskräfte nicht für die Umsetzung genutzt werden. Es reicht eben nicht aus, nur zu appellieren oder anzuweisen, es müssen die negativen Affekte

A– erkannt und abgebaut werden – eine Art Selbstregulation muss in der Abteilung ausgelöst werden. Wie das geht, erfahren Sie später. Als Auslöser für diese Objekterkennung sind oft sehr grundlegende Ängste wie z. B. Existenzverlust, Anerkennungsverlust oder Verlust von Komfortzonen verantwortlich. Die Folgen der Aktivierung des internen Navigators sind für den geplanten Veränderungsprozess oft gravierend. Denn ab jetzt wird das „Objekt der Veränderung" in den Fokus genommen und alles, was gesagt, getan oder geplant wird, erhält eine negative Bewertung. Selbst positive Ansätze, die durch die Führungskräfte mantraartig wiederholt werden, wirken nicht. Damit beginnt das geplante Veränderungsprojekt schon vor seinem eigentlichen Start zu scheitern. Der Innere Navigator der Abteilung sieht nur noch die Gefahr und keinen Ausweg und erkennt die Chancen nicht, die diese Veränderung bietet. Gut zureden reicht hier nicht, denn die Ängste bleiben. Oftmals wird dieses Verhalten von Führungskräften fälschlicherweise als Veränderungsmüdigkeit der Mitarbeiter interpretiert, was ein fataler Fehler ist. Denn gerade jetzt müssten die Führungskräfte mithilfe von Emotionalität, wie beispielsweise das Benutzen von Dialektsprache, die Nähe der Abteilung suchen und weniger mit Vorwürfen und Vorurteilen glänzen.

Sehen wir uns nun jedoch noch das andere System auf der linken Seite unseres Gehirnes an. Die linke Seite des Gehirns ist, wie vielleicht dem einen oder anderen Leser bereits bekannt ist, für das logische, mathematische Denken, für Sprache und das digitale Verarbeiten zuständig. Da wundert es nicht, dass das zweite System in der linken Gehirnhälfte der Innere Steuermann ist.

Der Innere Steuermann

Wie bereits zuvor beim inneren Navigator ersichtlich, wird dieser durch sogenannte negative Affekte A– aktiviert. Er sorgt dann für die notwendige Objekterkennung, um Gefahren zu beseitigen oder zu vermeiden. Beim Inneren Steuermann sieht dies anders aus.

Hier wird durch eingeschränkt positive Affekte A (+) (vgl. Abb. 2.3) das logische Denken aktiviert, was dann zu steuernden Absichten umgewandelt wird. A (+) bedeutet in diesem Fall, dass sich das Individuum oder die Gruppe wohl fühlt, also in guter Stimmung ist, aber nicht eu-

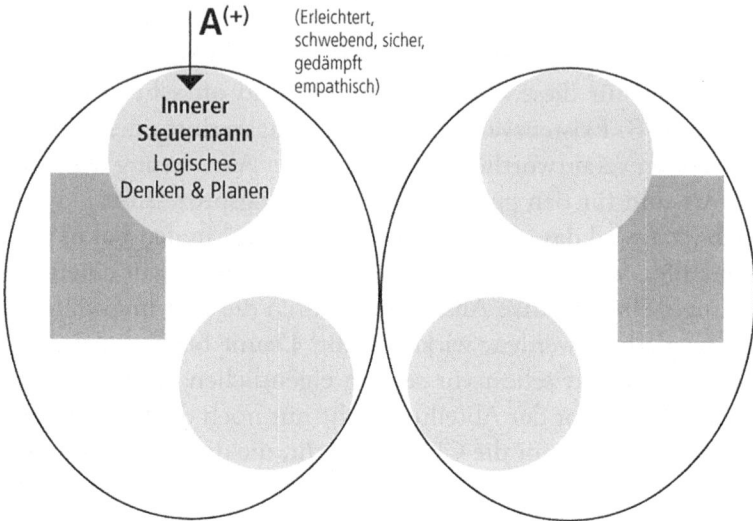

Abb. 2.3 Denken und Planen (linke Seite) nach Kuhl 2001. (In Anlehnung an Neun 2015, S. 114; mit freundlicher Genehmigung von © Springer Fachmedien Wiesbaden GmbH 2015. All Rights Reserved)

phorisch und übertrieben aktionistisch. Es geht einem oder der Gruppe gut und man ist unbeschwert, aber nachdenklich. In diesem Stimmungszustand werden dann über logisches Denken die notwendigen Handlungsalternativen entwickelt und als steuernde Absichten formuliert. Dieser Zustand des Background-Personality-Managements im Team ist dadurch gut erkennbar, dass sehr offen und interessiert diskutiert wird und viele unterschiedliche Vorschläge für die Umsetzung der Veränderung ehrlich besprochen werden. Hierbei fallen typische Aussagen wie z. B. „nicht schlecht, aber ..." oder „bin dabei, wenn ...".

Wie zu erkennen ist, zeigt sich die Motivationseinschränkung A (+) auch in der Sprache. Es fehlen noch Elemente, um aus der Absicht in die tatsächliche Umsetzung zu gelangen. Denn wie wir später sehen werden, bedarf es hier eines Stimmungszustandes A+ und erst dann wird umgesetzt und gehandelt. Der Innere Steuermann bereitet also die Handlungen vor, sorgt für die richtigen Akzente und Inhalte. Letztendlich umgesetzt ist dabei aber noch nichts. Denn die durch den Inneren Steuermann erzeugten Absichten werden in dem Intensionsgedächtnis, das ein kleiner Gedächtnisspeicher ist, abgespeichert und warten auf ihre aktive Umsetzung. Wenn in einer Abteilung jedoch zu viele Absichten und Wünsche produziert werden und die Erwartungshaltungen an die Veränderung zu hoch sind, kann es sehr schnell zu Frustration und zum Kippen der Stimmungslage, also zu A−, kommen.

Der Innere Steuermann will dosiert und kontrolliert bedient werden, d. h. auch, dass die Führungskräfte immer die Erwartungshaltung und den Absichtslevel der Abteilung im Blick behalten müssen. Durch die sehr einfache Verarbeitungsform im Intensionsgedächtnis können die definierten Absichten nur langsam und einfach entwickelt werden. Sobald es sich um komplexere Strukturen handelt, wo es sehr stark um Querdenken und integratives Denken geht, ist dieser Teil des Gehirns schlichtweg überfordert. Final bedeutet dies, dass wir komplexe Probleme und Herausforderungen durch logisches Denken allein nicht gelöst bekommen. Die Teams müssen lernen, das Extensionsgedächtnis im „Selbst" anzusteuern. Wir bezeichnen diesen Teil des Gehirns als den Inneren Kapitän, der auf der rechten Seite des Gehirns verortet ist. Also dort, wo bildhaft, intuitiv, kreativ und analog gedacht und gearbeitet wird (vgl. Abb. 2.4).

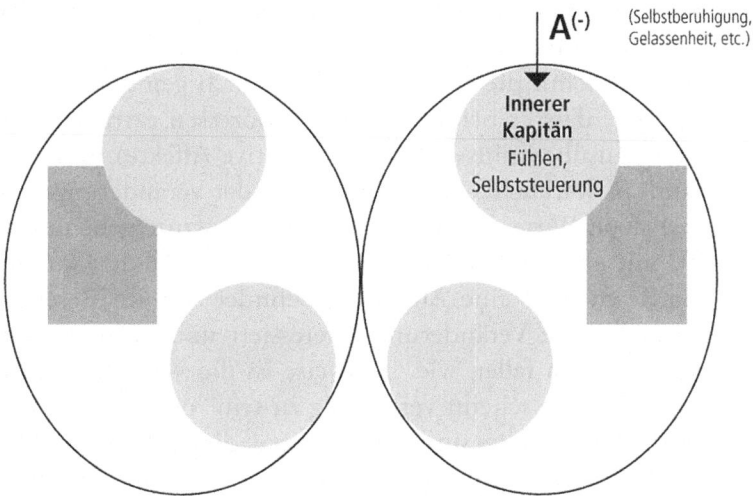

Abb. 2.4 Fühlsystem (rechte Seite) nach Kuhl 2001. (In Anlehnung an Neun 2017, S. 113; mit freundlicher Genehmigung von © K.O.M. GmbH 2019. All Rights Reserved)

Der Innere Kapitän

Wie in Abb. 2.4 deutlich wird, wird der Innere Kapitän nur über eingeschränkt negative Affekte A (−) aktiviert. Das ist sicher insofern verwunderlich, als dass das „Selbst" oder, wie wir es bezeichnen, der „Innere Kapitän", nur in einer Stimmungslage angesteuert wird, in der wir angespannt sind, aber nicht völlig verängstigt oder verunsichert. Betrachtet man diesen Zustand jedoch aus evolutionspsychologischer Sicht, so macht dies durchaus Sinn. Denn immer dann, wenn unsere Vorfahren negative Erfahrungen gemacht haben, wie z. B. einen Raubtierangriff oder den Verlust von erlegtem Wild, dann musste dies zu einem Lerneffekt führen. Lernen heißt, dass wir die gemachten Erfahrungen oder später das angelesene Wissen in unserem Erfahrungsgedächtnis mit bereits vorhandenen Erfahrungen verknüpfen. Nur so ist es den Menschen gelungen, komplexe Herausforderungen durch ein intensives Netzwerk von Erlerntem und Erfahrungen zu meistern. Jeder kennt diesen Effekt, wenn er Erfahrungen mit Gelerntem zu neuen Fertigkeiten verknüpft.

Für das Lösen von Problemen durch eine Abteilung oder ein Team ist dieser Verarbeitungsprozess von erheblicher Bedeutung. Denn nur wenn die Abteilung oder Unternehmenseinheit die Ängste A− vor einer Veränderung durch Gelassenheit und Souveränität zu A (−)einschränken kann, kann die Herausforderung auch gemeistert werden. Wer also glaubt, dass er bei Veränderungsprozessen extremen Druck auf die Teams ausüben muss, also A− (negative Affekte) fördert, verhindert damit in Wirklichkeit die Umsetzung der Veränderungen. Besser wäre es, neue Wege anzudiskutieren und aufzuzeigen, um dann gezielt und mit entsprechender Gelassenheit neue Ansätze auszuprobieren. Ein Team oder eine Abteilung befindet sich im Bereich des „Selbst", wenn es die Veränderung interessiert und neugierig diskutiert. Wenn Aussagen fallen wie. „teilweise ist die Veränderung nachvollziehbar" oder „das scheint vernünftig zu sein" oder „das ist möglicherweise umsetzbar", dann sind dies Aussagen, die der Sache gegenüber Offenheit ausdrücken, und zugleich signalisieren,dass noch weitere Erfahrungen oder Inhalte benötigt werden. Diese Gelassenheit gelingt aber nur dann, wenn die bestimmenden Ängste A− erkannt und gezielt thematisiert bzw. beseitigt werden. Wenig erfolgreich sind dabei alle bestrafenden und unterdrückenden Aktivitäten – sie zerstören Gelassenheit und führen zurück zum Inneren Navigator. Ein Beispiel für gezieltes Stimmungsmanagement zu mehr Gelassenheit finden Sie in Kap. 3.

Der Innere Matrose
Das letzte System, das aktiv bei der Verarbeitung von Informationen beteiligt ist, ist der Innere Matrose (vgl. Abb. 2.5).

Der Innere Matrose wird durch positive Affekte (A+) aktiviert und ist für die tatsächliche Umsetzung verantwortlich. Nur wenn dieser Teil aktiv ist, findet eine Handlung statt. Daher wird dieser Teil auch als das intuitive Verhaltenssystem (IVS) bezeichnet, da er die Handlungen, also die Umsetzung von Absichten in Ergebnisse, steuert. Wichtig ist dabei für das IVS, dass ein sehr motivierter Zustand vorhanden ist, es also Spaß

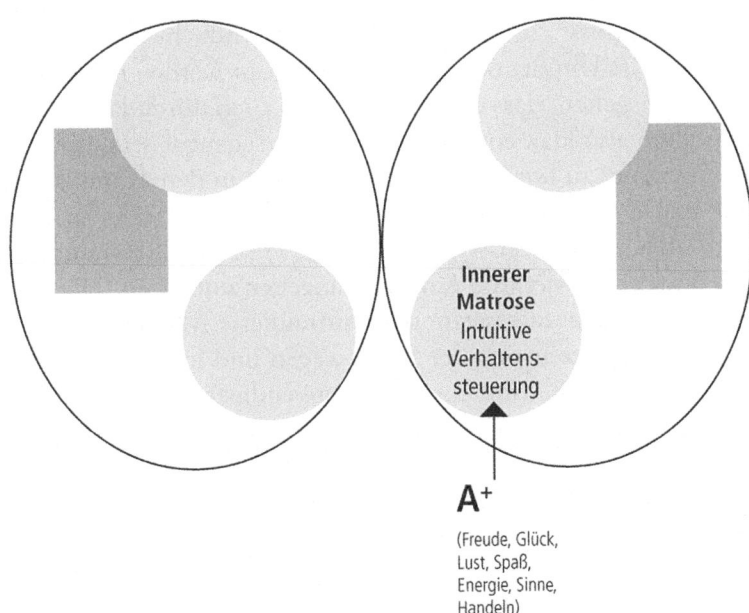

Abb. 2.5 Intuitives Verhaltenssystem, rechte Seite nach Kuhl 2001. (In Anlehnung an Neun 2017, S. 113; mit freundlicher Genehmigung von © K.O.M. GmbH 2019. All Rights Reserved)

macht, die Veränderung zu realisieren. Damit herrscht ein Lustgewin-nungsprinzip vor, wenn sich das Team oder die Abteilung der Heraus-forderung stellt. Der Spaß am Erfolg und am Neuen dominiert und we-niger die Angst vor dem Verlieren. Wie hat einst Jürgen Klopp als Trainer des BVB gesagt: „Wir haben keine Angst vor dem Verlieren, sondern freuen uns auf den Sieg."

Wer Abteilungen oder Individuen zum Handeln bringen will, sollte stets das erstrebenswerte Ziel präsentieren und nicht die Hürden oder Hindernisse. Dabei ist entscheidend, dass die Zielsetzungen immer in kleinen und überschaubaren Einheiten präsentiert und diskutiert werden. Zu allgemeine und nicht fassbare Ziele wie „wir müssen un-seren Umsatz im Jahr 2018 um 5 % steigern" oder „wir müssen un-sere Kosten um 3 % in diesem Jahr senken" führen zu keinen positi-ven Affekten A+ und sorgen damit auch nicht für die notwendige Umsetzungsenergie. Allein der Begriff „müssen" sorgt für eingeschränk-te Motivation A (+) und steuert damit das logische Denken an. Denn alles, was ich „muss", sollte zuvor richtig durchdacht sein. Wenn wir aber wissen, dass Umsatz oder Kosten angepasst werden müssen, kann man davon ausgehen, dass diese Ziele zuvor auch durchdacht wurden.

Ziele sollten also klar, einfach und gut überschaubar sein, um schnell in die Umsetzung zu kommen. Dann hört man in den Teams Aussagen wie „wir sind dabei", „ich freue mich auf …", „macht echt Spaß" oder „wir sind/ich bin begeistert von …". Mit dieser positiven Stimmungslage lassen sich selbst schwierigste Aufgaben angehen und lösen. Diese Moti-vation ist aber keine aufgesetzte oder antrainierte Motivation, sondern echte, ehrliche Überzeugung der Sache wegen und in dem Bewusstsein, dass das Team oder die Abteilung alle notwendigen Fähigkeiten besitzt, um die Herausforderung zu lösen.

Interaktion der Systeme
In Abb. 2.6 werden die Systeme noch einmal in ihrer Interaktion dar-gestellt.

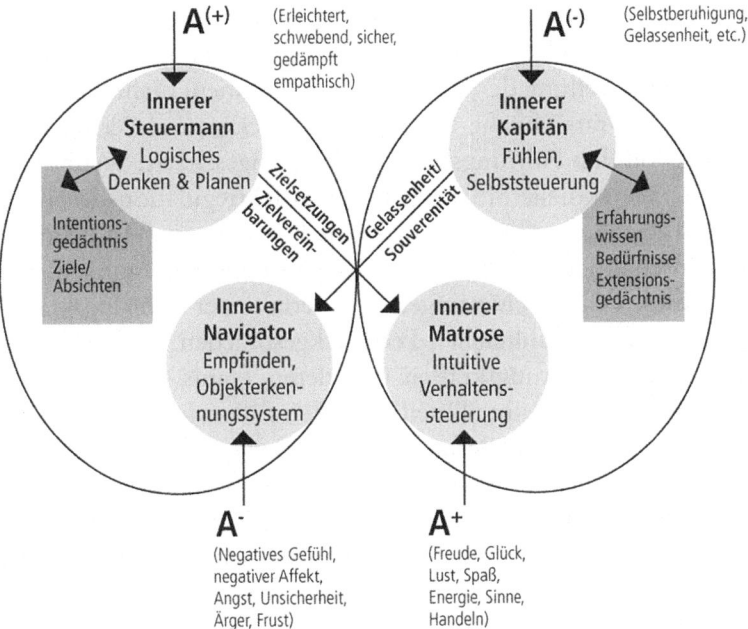

Abb. 2.6 PSI-Theorie – Persönlichkeit-System-Interaktion nach Kuhl. (Aus Neun 2017, S. 117; mit freundlicher Genehmigung von © K.O.M. GmbH 2019. All Rights Reserved)

2.2 Interaktion der Systeme in der Background Personality

Wie bei einem Individuum erfolgt auch beim Background-Personality-Management von Abteilungen oder Unternehmen die Interaktion der Systeme über die Affektregulation der Teams. Der Systemwechsel kann daher auch nur über eine Steuerung bzw. Beeinflussung der Affekte erfolgen. Diese Teamregulation erfolgt sehr oft unbewusst und kann durch die Führungskräfte nur bedingt gesteuert werden. Warum nur bedingt? Versuche und Tests haben gezeigt, dass das Background-Personality-Management sehr stark nach innen gekehrt ist. Damit ist gemeint, dass die Affektsteuerung aus der Gruppe heraus erfolgen muss. Die Versuche zeigten, dass viele Bemühungen der Führungskräfte mittels neuer Vision, Leitbilddiskussion oder Teamentwicklung zu einem Wechsel im Verhalten und der Einstellung der Mitarbeiter zu kommen, nicht wirkten. Sehr häufig wird die tatsächliche Situation des Background-Personality-Managements von den Führungskräften falsch eingeschätzt. Wenn die Führungskräfte die aktuelle Situation in der Affektregulation des Teams in einem Bild zeichnen sollten, so unterschied sich dieses meist deutlich von der wissenschaftlichen Analyse durch gestützte Befragungen. Woher kommen diese Fehleinschätzungen selbst erfahrener Führungskräfte?

Im Rahmen von zahlreichen Feedbackgesprächen und Prozessreflektionen zwischen Führungskräften und deren Teams stellte sich heraus, dass die Führungskräfte ihr „Urteil" in vielen Fällen auf nur einige wenige Personen aufbauten. Eine Betrachtung und Bewertung des umfassenden, komplexen Prozesses der Selbststeuerung eines Background-Personality-Managements wurde ihnen nie vermittelt. Die dadurch entstandenen Fehleinschätzungen führten dann meist auch noch zu einer dynamischen Entwicklung in der Situation des Background-Personality-Managements im Team. Hierzu ein Beispiel:

Beispiel

Ein Team von Entwicklern im Bereich des Automobilzuliefermarktes hatte große Probleme, seine Position als treibender Innovator zu verteidigen. Als eingeschworenes Team wurde über viele Jahre hinweg der Markt sehr erfolgreich bearbeitet, aber seit einigen Monaten wirkte das Team sehr träge, ohne Motivation und Erfolgsgeist. Was ist geschehen? Nach der Beschwerde eines Kunden, dass die Entwicklungszeiten und Entwicklungsergebnisse nicht gut seien, fühlte sich die verantwortliche Führungskraft zu einer Teamsitzung genötigt. Diese bereitete der Hauptabteilungsleiter über Einzelgespräche mit seinen bisherigen Vertrauten im Team unstrukturiert vor. Die vermeintlichen Teamsprecher beschwerten sich dabei in den persönlichen Gesprächen über die mangelnde Einsatzbereitschaft einiger Kollegen. „Scheinbar sind diese Kollegen durch die Kritik des Kunden nur noch am Analysieren und am Überarbeiten bereits verabschiedeter Pläne", so die Befragten. Ein Verhalten, das die Kreativität bremste und die Prozesse verlangsamte, also gerade das Gegenteil dessen, was eigentlich beabsichtigt war. Hintergrund für diese Fehlentwicklung war, dass die Führungskraft mit ihr bekannten und vertrauten Mitarbeitern sprach, was zu einer Fehlein-schätzung des Zustands des Background-Personality-Managements führte. Wäre die Führungskraft auf das Erkennen des Zustandes des Background-Personality-Managements geschult gewesen, dann wäre diese Situation vermeidbar gewesen. Denn in Wirklichkeit war das Background-Personality-Management nicht in einem Zustand des logischen und analytischen Arbeitens (vgl. Abb. 2.3), sondern fast im Zustand der totalen Fokussierung auf Versagen und Angst vor negativen Folgen (vgl. Abb. 2.2). Dieser Zustand der kompletten Objektorientierung, also dem Fokussieren der Wahrnehmung und Sinneseindrücke auf negative Erlebnisse, erschwert oder verhindert das Handeln und damit die Beschleunigung von Prozessen. Im Rahmen einer Onlinebefragung wurde sehr schnell deutlich, dass das Team erhebliche Probleme hatte, Gelassenheit aufzubauen und aus dem erlebnisorientierten System in das handlungsorientierte System zu wechseln (vgl. Abb. 2.6).

Diese Herausforderung zeigte sich in vielen Analysen beim Background-Personality-Management in ganz unterschiedlich geführten Unternehmen. Gelassenheit nach Misserfolgen und Rückschlägen wird in keiner ökonomischen Ausbildung vermittelt, und für viele ist dies auch persönlich ein Problem – umso stärker für jeden einzelnen dann, wenn das ganze Team seine Probleme mit Gelassenheit hat. Gelassenheit ist ein Prozess ständiger Reflexion für jeden Einzelnen und für eine Gruppe von Menschen. Der angstfreie Dialog mit Fehlern, Schwierigkeiten, Hindernissen und Versagen schafft dabei erst die notwenige Gelassenheit in einer Background Personality, um dann aus den Erfahrungen komplexe Sachverhalte zu analysieren und zu verändern. Statt nur mit einigen Personen zu sprechen, wäre die Betrachtung des gesamten Teams in dem oben genannten Fall für die Beschleunigung der Abläufe besser gewesen. Daraufhin hätte dann die Führungskraft den Prozess der Selbstreflexion anstoßen können und nicht noch mehr Kritik auf das Team ausgeschüttet, sondern über die Betonung der Leistungsfähigkeit des Teams zur Beruhigung beigetragen. Erschwerend kommt noch hinzu, dass aus evolutionspsychologischer Sicht die Gelassenheit nicht vorgesehen ist. Unsere Amygdala (Mandelkern, vgl. Abb. 2.7) ist quasi die Alarmglocke für Gelassenheit, d. h., sie sorgt für ständige Aufmerksamkeit und Sprungbereitschaft, wenn wir etwas als unangenehm und damit bedrohlich erleben.

Heute können wir sehr oft gelassen sein und damit diesen Anspan-
nungszustand abbauen, vorausgesetzt, das uns umgebende Background-Personality-Management erlaubt dies. Sind nämlich die Gruppenmitglieder
durch negative Affekte A− sehr stark in der Objekterkennung gefangen,
dann tut man sich schwer, Gelassenheit aufzubauen – man ist quasi ein
Gefangener der Background Personality. Eine Befreiung erfolgt dabei
nur, wenn es gelingt, das gesamte Team auf ein Niveau der engagierten
Gelassenheit zu heben. Eine Gelassenheit, in der ich nicht sprunghaft
und unsicher bin, sondern eine Gelassenheit, mit der ich engagiert und
selbstbewusst meine Herausforderungen als Team angehe. Das Team lässt
sich dann in der Veränderung nicht bremsen oder gar blockieren. Damit
ist ein Zustand erreicht, der den notwendigen Systemwechsel von A− zu
A (−) (vgl. Abb. 2.7) leicht gelingen lässt. Das Team befreit sich und geht
aus der vermeintlichen Lageorientierung in die Handlungsorientierung
über. Kurz gesagt: Es wird weniger diskutiert, analysiert und geplant,
sondern gehandelt, umgesetzt und mit kalkulierbarem Risiko Neues
angegangen.

Auch wenn das Team durch das gezielte Steuern der Affekte im Background-Personality-Management zu mehr Handlungen übergeht, muss

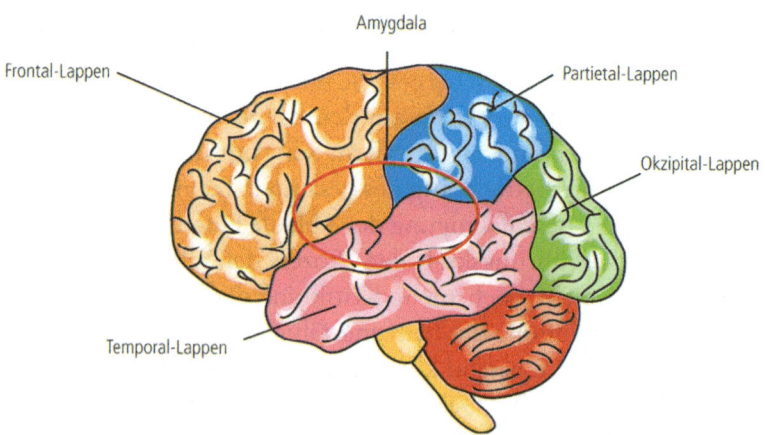

Abb. 2.7 Der Aufbau unseres Gehirns – Amygdala. (In Anlehnung an Neun 2015,
S. 188; mit freundlicher Genehmigung von © Springer Fachmedien Wiesbaden
GmbH 2015. All Rights Reserved)

für eine nachhaltige Veränderung das handlungssteuernde System (vgl. Abb. 2.6) durch einfache klare Ziele und konkrete Umsetzungsschritte aktiviert bleiben. Damit ist es wichtig, dass sich die Führungskräfte zu Background Personality-spezifische Zielen committen. Nicht jedes Team verträgt dieselbe Art von Zielen. Manche Teams brauchen sehr kurzfristige Erfolge, also auch kurzfristige Ziele, um das Background-Personality-Management ausgeglichen zu halten. Andere Teams wollen nur das große Ganze als Ziel vermittelt bekommen und entwickeln dann ihre eigenen Detailziele. Auch hierbei hilft die Background-Personality-Analyse, um das System besser über Ziele zu steuern.

2.3 Gesteigerte Agilität in Organisationen durch K.O.M.-Motivator®

Aufgrund der immer komplexer werdenden Wirtschaftsprozesse und einer immer weiter fortschreitenden Beschleunigung der Prozesse durch die Digitalisierung ist die Agilität einer Organisation entscheidend für das Überleben geworden. Unter Agilität versteht man dabei die Fähigkeit der Organisation, auf verändernde Rahmenbedingungen wie z. B. Fachkräftemangel, verkürzte Produktlebenszyklen oder Internationalisierung, um nur einige zu nennen, schnell und kreativ zu reagieren. Change-Management wird zur täglichen Praxis und Notwendigkeit. Dabei spielen Querdenken und ganzheitliches Bearbeiten von Sachverhalten eine übergeordnete Rolle. Diese Anforderungen des Querdenkens und ganzheitlichen Bearbeitens setzen für ein optimales Arbeiten in der Background Personality ein spezifisches Stimmungsmanagement gemäß K.O.M.-Motivator® voraus.

Sehen wir uns zunächst die psychologischen Anforderungen an agile Unternehmen bzw. Organisationen einmal genauer an.

1. Querdenken setzt Systemwechsel voraus
Wenn Menschen querdenken sollen, bedeutet dies für ihr Gehirn, dass sie sehr schnell zwischen den Systemen wechseln müssen, um verdeckte Verbindungen zwischen unterschiedlichsten Sachverhalten zu erkennen. Konkret bedeutet dies, dass Erfahrungen aus dem Extensionsgedächtnis

gezielt angesteuert werden, um diese dann mit neuen analytischen Ergebnissen aus dem logischen Denken zu verbinden.

Damit dies auch erfolgreich vonstattengeht, muss ein Team durch Selbstregulation von der linken Gehirnhemisphäre zur rechten Hemisphäre wechseln können – und dies mehrfach hintereinander. Bleibt dem Team jedoch aufgrund zu hoher Versagensangst (A−) der Zugang zum Extensionsgedächtnis verweigert, dann kann keine Koppelung stattfinden. Das Wissen zum Querdenken ist zwar da, aber der Zugang fehlt. Erst wenn das Team selbst oder durch affektorientierte Führung den Systemwechsel mit Leichtigkeit vollziehen kann, ist ein Querdenken möglich.

2. Ganzheitliches Denken braucht ein kollektives Extensionsgedächtnis

Um ganzheitlich zu denken und neue Lösungsansätze zu finden, bedarf es umfassenden Erfahrungswissens in der Organisation. Dabei darf das Erfahrungswissen des Einzelnen kein Hoheitswissen zur Sicherung der eigenen Machtposition sein, sondern das Wissen muss bereitwillig mit allen geteilt werden. In einer z. B. zu motivierten Organisation (hohe A+) kommt es sehr oft zu hektischem Aktionismus, weil jeder glaubt, noch bessere Ideen als der Teamkollege zu haben. Die Teammitglieder überbieten sich mit teilweise unreflektierten oder nicht durchdachten Aktionen. Hier ist der Wechsel zu etwas mehr Nachdenken sinnvoll, um dann die Erfahrungen auch nutzenstiftend einzusetzen, statt Energie sinnlos zu verbrauchen. Das kollektive Erfahrungsgedächtnis lebt vom Erlebnis des gemeinsamen Erfolges *und* Misserfolges. Erst wenn das erlebnisorientierte System zwischen Objekterkennungssystem und dem Selbst (vgl. Abb. 2.6) in einem Team aktiviert ist, kann eine Organisation kollektive Erfahrungen abspeichern und wieder abrufen. Hierzu sind in einem Team Gelassenheit und Souveränität erforderlich, nicht Überheblichkeit und Gleichgültigkeit.

3. Erlebnisorientiertes System und handlungstreibendes System müssen in Takt sein

Ein Team lernt über das erlebnisorientierte System und wird aktiv über das handlungstreibende System Dinge umsetzen. Beide Systeme beanspruchen dabei die linke und die rechte Gehirnhälfte. Damit dies auch nachhaltig und erfolgreich funktioniert, muss sichergestellt sein, dass die Individuen im Team auch beide Gehirnhälften aktivieren können. Die Rede ist dabei nicht von Verletzungen oder Krankheiten des Gehirns, sondern von der Fähigkeit, aus seiner eigenen Denkrille zu fliehen.

Jeder Mensch hat über Jahre hinweg ganz individuelle Denkrillen als Routinen entwickelt, die ihm helfen, die täglichen Herausforderungen zu meistern. So löst der eine Mensch eine Aufgabe durch strukturiertes und logisches Vorgehen, der andere hingegen durch intuitives und improvisierendes Handeln. Der eine arbeitet mehr linkshirnig (strukturiert und logisch) der anderen hingegen rechtshirnig (intuitiv und improvisierend). Wahrscheinlich kommen beide Menschen zu guten Lösungen, aber eben auf unterschiedliche Art und Weise. Ist nun aber in einem Team, und damit für das Background-Personality-Management prägend, mehrheitlich die eine oder andere Art und Weise des Vorgehens dominierend, dann wird ein Systemwechsel besonders schwer. Denn der Übergang von linker Gehirnhälfte zur rechten Gehirnhälfte ist im Team nicht ausgeglichen genug. Wenn vorwiegend strukturiert logisch denkende Menschen das Team dominieren, dann wird viel analysiert, aber nur wenig Erfahrungswissen genutzt und gehandelt. Wenn intuitiv und improvisierend denkende Menschen die Organisation dominieren, wird viel ausprobiert, aber nicht zielführend umgesetzt. Nur wenn beide Gehirnhälften gleichermaßen aktivierbar sind, kann Agilität gelebt werden.

4. Prozesse und Strukturen unterstützen das Background-Personality-Management

Damit das Background-Personality-Management auch erfolgreich umgesetzt werden kann, müssen die organisatorischen Rahmenbedingungen geschaffen sein. Hierzu gehört eine auf Flexibilität, Querdenken und übergreifende Teamarbeit ausgerichtete Organisationsform, insbesonder beim Projektmanagement. Bei überorganisierten Strukturen durch zu viel Bürokratismus und Schnittstellen mit Kontrollfunktionen ist ein Background-Personality-Management nur schwer umsetzbar. Zu viele Einflüsse, Querschläger oder Akteure sorgen für selbstreferenzielle Prozesse. Derartige Prozesse führen eher zu einem Ungleichgewicht im Background-Personality-Management, statt für ein Gleichgewicht der Systeme zu sorgen. Das Unvorhersehbare dieser Organisation schafft immer wieder neue negative Affekte A−, was die Teammitglieder in die Objekterkennung und damit in die Lageorientierung treibt. Eine aktive Steuerung durch die Führungskraft, selbst nach professioneller Ausbildung im Background-Personality-Management, ist fast unmöglich. Aus diesem Grund ist es wichtig, dass auch die Rahmenbedingungen in Organisationen zu dem gewünschten Background-Personality-Management passen müssen.

Wie sich gezeigt hat, sorgt ein professioneller Umgang mit dem Background-Personality-Management für mehr Agilität in einem Unternehmen und ist damit die Grundlage für eine agilitätsorientierte Unternehmensführung. In Kap. 10 werden praktische Tipps zur Umsetzung dieser Unternehmensführung vorgestellt.

2.4 Die neuen Erkenntnisse im Spiegel der Digitalisierung der Arbeitswelt

Auf Basis dieser Untersuchungen haben sich nachfolgende Erkenntnisse als besonders relevant erwiesen, wenn es darum geht, Organisationen und Unternehmen in das digitale Zeitalter zu führen:

1. Agilität entsteht in den Köpfen der Mitarbeiter und Führungskräfte
Wenn, wie zuvor beschrieben, Affekte unser Verhalten maßgeblich steuern, wenn wir nur dann lernen, wenn wir Assoziationen verbinden können, und wenn es uns nur dann gelingt, das eigene Verhalten zu ändern, wenn wir uns selbst oder durch andere neu konditionieren, dann kann Agilität im Denken und Handeln entstehen. Dies geschieht aber nicht von allein, sondern bedarf eines gezielten Nudgings in den Organisationen. Nur durch kleine „Schubser" wird es möglich, dass Organisationen sich neu erfinden. Dieses Neu-Erfinden ist aber eine wichtige Überlebensstrategie im Zeitalter der Digitalisierung. Nur wenn es gelingt, das uns alle umgebende Background-Personality-Management so zu gestalten und zu beeinflussen, dass eine Situation der bewussten Affektregulation entsteht, wird mehr Eigeninitiative und Eigenverantwortung ent-

stehen. Notwendige Entscheidungen werden dabei in genau die Richtung gesteuert, wie es das Unternehmen zur Bewältigung der Digitalisierung benötigt. Die Formel ist dabei sehr einfach:

Ausgeglichenes Background-Personality-Management + Digital Leaders = erfolgreiche Transformation

2. Geschwindigkeit bei Veränderungen ist keine Hexerei

„Gut Ding braucht Weile", so heißt es im Volksmund. Gilt das aber auch noch im digitalen Zeitalter oder ist es mehr oder weniger eine Ausrede derer, die die Veränderungen fürchten? In vielen Organisationen eher das Zweite – zu oft werden Sorgfalt und die damit verbundene Langsamkeit über den notwendigen Anpassungsdruck gestellt. Nichts überstürzen, alles genau analysieren, große Pläne entwickeln und zu guter Letzt ja niemanden überfordern. Genau diese Aussage höre ich in fast jedem Change-Projekt. Wenn es nicht gelingt, dieses Background-Personality-Management zu mehr Mut und Spaß am Neuen zu verändern, dann wird sich dieses Unternehmen im digitalen Wandel nicht behaupten können. Denn eine Tatsache ist unbestritten: Der digitale Wandel bringt vor allem eine große Herausforderung mit sich: *Geschwindigkeit!*

Die Aussage, dass der Schnelle den Langsamen frisst, trifft im Zeitalter der Digitalisierung ganz besonders zu. Ziel muss es daher sein, das Background-Personality-Management des Unternehmens auf Geschwindigkeit zu trimmen. Schnelle Entscheidungen, schnelles Loslassen und schnelles (mutiges) Entwickeln neuer wirtschaftlicher Ansätze werden zum Erfolgselixier moderner digitalorientierter Unternehmen. Konzerne wie Google, Amazon oder Alibaba machen es uns jetzt schon vor. Die New Economy hat eine ganz spezifische Background Personality, und sie wird die Old Economy einfach überrennen.

3. Individualität hat wieder Vorrang

Über viele Jahre hinweg wurde das Team als das Erfolgsrezept in den Unternehmen gepredigt und gelehrt. Sicherlich benötigen wir heute noch eine gute und integrative Teamarbeit in den Unternehmen. Aber eben nicht nur, denn ein Background-Personality-Management kann nur durch starke individuelle Leader schnell geformt und gesteuert werden. Vorbei die Zeiten ewiger kollektiver Entscheidungsfindungsprozesse. Heute bedarf es mutiger Vorreiter in den Organisationen, die als Vorbilder für das gesamte Background-Personality-Management dienen. Gleichgültig, ob es sich um Führungskräfte handelt oder um Mitarbeiter – wichtig ist nur, dass es Menschen in den Teams gibt, die gerne und mit viel innerer Überzeugung das Background-Personality-Management formen und führen. Diese Menschen zu finden, aufzubauen und dann gezielt einzusetzen, wird im Zeitalter des Fachkräftemangels zur eigentlichen Herausforderung für Vorstände, Aufsichtsräte, Geschäftsführer und Inhaber werden. Viel zu lange wurden die Menschen auf die kollektive Entscheidungsfindung und damit verbundene Schwarmintelligenz getrimmt – gleichgültig, ob an Hochschulen oder in Qualifizierungsmaßnahmen. Der mutige Individualist mit der Fähigkeit, andere zu integrieren und bewusst das Background-Personality-Management weiter zu entwickeln, wird die begehrte Spezies der New Economy werden.

Somit werden in Zukunft Unternehmen in Zukunft nicht nur mit dem Fachkräftemangel zu kämpfen haben, sondern auch mit der zentralen Frage: Wer gestaltet eigentlich das Management unserer Background Personality so, dass sie dem digitalen Wandel auch gerecht werden kann? Die Suche nach der Antwort auf diese Frage hat schon längst begonnen.

Literatur

Kuhl J (2001) Motivation und Persönlichkeit – Interaktion psychischer Systeme. Hogrefe, Göttingen
Neun W (2015) Innovationen im Mittelstand erfolgreich managen. Springer Fachmedien Wiesbaden GmbH, Wiesbaden
Neun W (2017) Warum es uns so schwerfällt, das Richtige zu tun. tao.de in J Kamphausen Mediengruppe, Bielefeld

Teil II

Praktische Ansätze für ein erfolgreiches Background-Personality-Management

3

Psychologische Hürden und Versagensängste im Innovationsprozess überwinden

Wann diesen Tipp anwenden

- Wenn zu viele geplante und angewiesene Veränderungen oder Projekte versanden
- Wenn die Organisationseinheit in der Leistungserbringung drastisch nachlässt
- Wenn Innovationen zu lange dauern und es sich bei näherer Betrachtung meist nur um Anpassungen handelt
- Wenn Angst und Frustration die dominierenden emotionalen Reaktionen in der Organisation sind

3.1 Situationsbeschreibung am praktischen Beispiel

In vielen Beratungsprojekten hat sicher herauskristallisiert, dass in Innovationsprozessen einige zentrale Hürden zu überwinden sind, die unabhängig von der jeweiligen Branche auftreten. Lassen Sie mich diese Hürden an einem konkreten Beispiel aus der Zulieferindustrie erläutern.

© Springer Fachmedien Wiesbaden GmbH, ein Teil von Springer Nature 2020
W. Neun, *Digitale Transformation und Agilität in der Praxis*,
https://doi.org/10.1007/978-3-658-19624-0_3

Das Praxisbeispiel ist ein Unternehmen mit ca. 3500 Mitarbeitern und weltweit verteilten Produktionsstätten. Die Abteilung, in der das Background-Personality-Management analysiert wurde, ist der Bereich R&D. Dort sind ca. 150 Mitarbeiter beschäftigt. R&D ist zentral für den Erfolg dieses Unternehmens, da die Automobilindustrie viele ihrer Entwicklungsaufgaben auf die Zulieferindustrie verlagert hat. Daher sind Schnelligkeit, Dynamik und Eigeninitiative ein wichtiges Gut für ein Background-Personality-Management in dieser Branche.

In unserem Beispielunternehmen fehlten genau diese Eigenschaften. Die Folgen waren eine sehr schlechte Beurteilung durch die Kunden, teilweise auch massiver Kundenverlust und extrem hohe interne Kosten, um die Zeitverzögerungen und Fehler wieder aufzufangen, die das starre Background-Personality-Management erzeugt hatte. Darüber hinaus wurden immer weniger innovative Lösungen für den Markt entwickelt, was zu einer Reduktion der Erträge führte, da die vorhandenen Lösungen dem zunehmenden Preisdruck aus Asien unterlagen.

Ausgelöst wurde diese Situation durch vier nicht gemeisterte Hürden im Background-Personality-Management dieser Organisationseinheit:

1. Versagensängste im Team
2. starke Selbstinfiltration des Teams
3. fehlender Selbstzugang, um aus Fehlern zu lernen
4. hohe Anzahl an Unstimmigkeitsexperten im Team bei fehlendem Digital Leader

Sehen wir uns diese Hürden einmal genauer an.

1. Versagensängste im Team

Sicherlich gibt es immer wieder einzelne Mitarbeiter, die unter Versagensangst leiden und daher blockiert sind. Aber unsere Untersuchungen haben ergeben, dass ab einer bestimmten Anzahl von Individuen in einem Team das gesamte Background-Personality-Management dieser Gruppe zu einer Art kollektiver Versagensangst neigt. Erkennbar wird dieser Zustand durch lange Entscheidungsprozesse, Dienst nach Vorschrift, Schönreden von Missständen und wenig Kreativität und fehlendem Mut für Neues. Damit wurde es schwierig, dieses Background-Personality-Management zu mehr Aktivitäten und Tatendrang zu bewegen – Stillstand war die Folge. Erstaunlich dabei war, dass dieser Zustand nicht immer da war. Erst, nachdem der Druck zu hoch wurde und die Führungskräfte gewaltige Fehler machten, indem sie ständig kritisierten und aus lauter eigener Hilflosigkeit zu sanktionieren begannen, erst dann baute sich diese Versagensangst als Background-Personality-Management-Merkmal im Sinne einer kollektiven Versagensangst auf. Eine Auswirkung dieses depressiven Background-Personality-Managements war, dass plötzlich einfachste Prozesse, Quality-Gates und simple Abstimmungen nicht mehr funktionierten. Das Background-Personality-Management holte mittels Verweigerung zum „Gegenschlag" aus. Es war ein Befreiungsschlag, der das gesamte Unternehmen lahmlegte und starke finanzielle Auswirkungen zur Folge hatte. Wie jeder Organismus sich wehrt, wenn der Leidensdruck zu groß wird, so hatte auch das Background-Personality-Management unseres Unternehmens keine andere Wahl, als zu boykottieren. Beschleunigt wurde diese Entwicklung noch dadurch, dass alle etablierten Führungskräfte die Situation nicht mehr einschätzen konnten.

2. Starke Selbstinfiltration im Team
Wer Versagensangst abbauen will, muss Selbstvertrauen aufbauen. Selbstvertrauen heißt aber, selbst zu definieren, was man will oder nicht will, wenn es um die Erreichung der vereinbarten Unternehmensziele geht. Durch eine sehr dirigistische (nicht mutige) Führung, welche von der Geschäftsführung fälschlicherweise als gute Reaktion auf die Krise bezeichnet wurde, entstand eine hohe Selbstinfiltrationsquote im Team. Das äußerte sich darin, dass das Team die Ziele und Vorgaben bzw. Anweisungen nicht mehr kritisch hinterfragte, um sie zu optimieren, sondern einfach blind umsetzte. Blinder Gehorsam als der letzte Strohhalm für Führungsversagen ist genau das Gegenteil eines professionellen Background-Personality-Managements.

Eigene Vorstellungen, kreative Lösungsansätze und sinnvolle Änderungen wurden verschwiegen. Damit wurden auch Anweisungen umgesetzt oder Termine für Produktlieferungen akzeptiert, bei denen von Anfang an klar war, dass sie nicht zu erreichen waren. Notwendige Kommittents zur Termintreue blieben aus. Diese hohe Selbstinfiltrationsquote gepaart mit Versagensangst war eine explosive Mischung, die zur Nicht-steuerbarkeit dieses Background-Personality-Managements führte.

Das Problem in Zahlen

- **Output:** 15 % weniger Output bei Kundenprojekten
- **Termintreue:** 3 % reduziert
- **Fehlzeiten:** 14 % mehr
- **Innovationen:** 0
- und ein gesteigertes Nachhaltigkeitsproblem durch über 60 % mehr Nein-Sager bei Veränderungsvorhaben

3. Fehlender Selbstzugang, um aus Fehlern zu lernen

Das Background-Personality-Management unserer R&D-Abteilung hatte, genau wie ein Individuum, den Selbstzugang zu seinem Erfahrungsge-dächtnis verloren. Selbstzugang ist gemäß der Persönlichkeitsinterakti-onstheorie von Herrn Prof. Dr. Kuhl (vgl. Abb. 2.6) die Fähigkeit, über Gelassenheit und Zuversicht in das Selbst und damit in das Extensions-gedächtnis (Erfahrungsgedächtnis) des gesamten Teams zu gelangen. Dieser fehlende Zugang konnte aufgrund der vorherigen Hürden nicht mehr aufgebaut werden und führte dazu, dass viele Fehler mehrfach wie-derholt und notwendige Anpassungen nicht realisiert wurden. Ein sehr kostspieliges Unterfangen, denn die Kunden verlangten Schadensersatz oder Nachbesserung. Alle eingeführten und durchgeführten Qualitäts-maßnahmen bzw. Audits halfen nichts. Das Problem war kein betriebs-wirtschaftliches, sondern ein wirtschaftspsychologisches.

Man kann sich die Auswirkungen dieses fehlenden Selbstzuganges so vorstellen, als hätte man eine Fülle von wichtigen und notwendigen Da-teien im Rechner gespeichert, aber leider den Zugangscode vergessen. Das Team wusste bei vielen Herausforderungen, dass es mit Sicherheit eine gute Lösung gibt, aber sie war im Bewusstsein des Background-Personality-Managements des Teams nicht abrufbar. Der Zustand ähnelte einer Art von retrograder Amnesie der gesamten Organisationseinheit. Jetzt wäre das Wissen um die Steuerung des Background-Personality-Ma-nagements pures Geld wert gewesen.

4. Hohe Anzahl an Unstimmigkeitsexperten im Team

Die anhaltende Dauerkritik, die schlechte Stimmung, die nicht gelösten Herausforderungen und die ständige Fremdbestimmtheit führten dazu, dass die Unstimmigkeitsexperten im Team die Oberhand bekamen. Unstimmigkeitsexperten sind Personen oder ganze Teams (wie in unserem Beispiel), die überall und bei jeder Anregung, Aufgabe, Herausforderung und Veränderung nur das negative, nicht lösbare, schwierige und überfordernde Element sehen. Aufgrund ausgeprägter Objekterkennung, welche durch viele negative Affekte, wie z. B. Versagensangst, Frust, fehlendes Wissen etc. (A−) ausgelöst wird, gelingt es nicht, die Chancen und damit das Positive einer Situation zu erkennen. Damit wird jede Form von Kreativität und Querdenken erschwert, wenn nicht sogar verhindert. Diese Fähigkeiten sind aber gerade im R&D-Bereich wesentliche Erfolgsfaktoren.

Wie man der Abb. 3.1 entnehmen kann, ist die Unstimmigkeitsorientierung (Objekterkennung/Innerer Navigator) in der Background Perso-

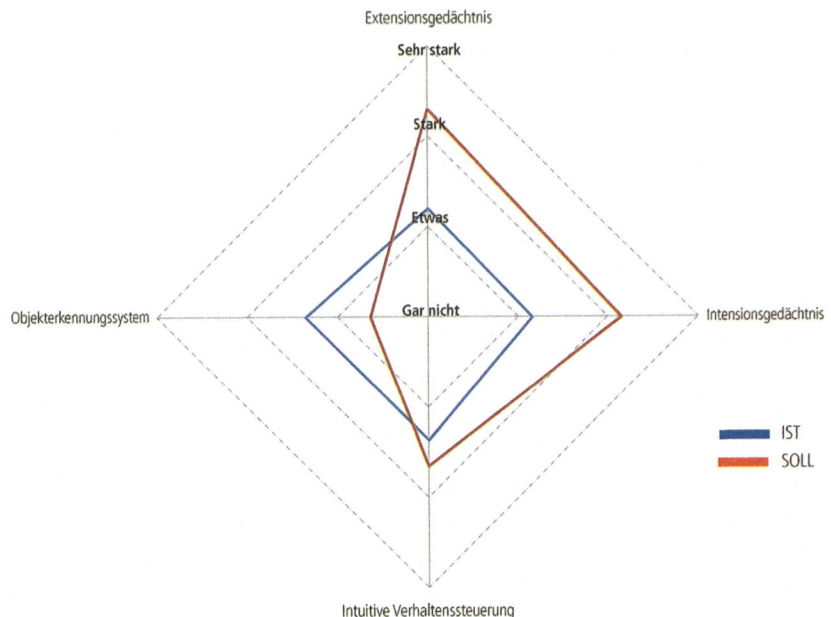

Abb. 3.1 Persönlichkeitssysteme des Beispielunternehmens

nality sehr stark ausgeprägt, aber die eigentlichen Erfolgsfaktoren für den R&D-Bereich eines Unternehmens, nämlich hohe Handlungsorientierung (intuitives Verhaltenssystem/Innerer Matrose) und Problemlösungskompetenz (Extensionsgedächtnis/Innerer Kapitän) sind nur leicht ausgeprägt. Somit haben die psychologischen Hürden die Background Personality unseres Beispielunternehmens in eine defensive, negativ bewertende und damit abwartende und mutlose Verhaltensweise getrieben. Dabei war bis zur Analyse der Ist-Situation keine der Führungskräfte in der Lage, diesen Zustand zu erkennen oder gar zu ändern. Im Gegenteil erzeugten sie durch ihre äußerst restriktive und fordernde Führung noch mehr Unstimmigkeitsexperten und Selbstinfiltration. Damit war es den Teammitgliedern nicht mehr möglich, die Stimmung des Background-Personality-Managements zu drehen. Sie waren gefangen in ihrem Stimmungskorsett, und je länger dieser Zustand währte, desto ausgeprägter wurde das Verhalten des Background-Personality-Managements und umso höher der wirtschaftliche Schaden.

3.2   Problemdiagnose

Wie schon in der Situationsbeschreibung angedeutet, war das Problem dieses R&D-Teams sehr stark durch psychologische Faktoren ausgelöst worden. Rationale Ansätze wirkten nicht mehr und die psychologische Reife der Führungskräfte reichte nicht aus, um hier andere Wege zu begehen. Das Problem wurde also nicht nur durch extremen Marktdruck ausgelöst, sondern hat sich durch die falschen Ansätze des Managements erst zu einem drängenden Problem entwickelt.

Um die Situation in Gänze zu verstehen, sollten wir noch einen Blick auf die Führungssituation unseres Beispielunternehmens werfen. Im Rahmen einer umfassenden Analyse der Führungskompetenzen des gesamten Führungsteams hat sich gezeigt, dass die Führungskräfte teilweise selbst zu Unstimmigkeitsexperten wurden. Sie glaubten selbst nicht mehr an die Veränderung im Unternehmen. Zu viele Veränderungsansätze liefen in der Vergangenheit schief, was nicht zu guter Letzt auch den Führungskräften angelastet wurde. Wie man sieht, handelt es sich in diesem Unternehmen um einen systemimmanenten Fehler. Wie kam es aber zu dieser Situation?

Bei unseren Recherchen und Analysen stellte sich heraus, dass das Unternehmen in der jüngsten Vergangenheit aus strategischer Sicht sehr verunsichert war. Es hatte seine eingeschlagene Strategie ohne nachvollziehbare Begründung verlassen und dabei die Vision und Mission nicht angepasst. Damit waren die Führungskräfte in ihrer Entscheidungsfindung oft im luftleeren Raum, da sie schlecht einschätzen konnten, was nun gewollt und was ungewollt war. Diese Strategieschwäche führte dann zu einer Führungsschwäche und diese beschleunigte die Entwicklung des Background-Personality-Managements in Richtung von Unstimmigkeitsexperten. Natürlich half bei dieser Diagnose auch das alte Rezept des Führungskräftewechsels nicht. Ein Background-Personality-Management lässt sich nicht einfach über Wechsel der Führungskraft verändern, zu tief sind die Einstellungs- und Verhaltensmuster eingeprägt. Welche Lösungen es dann dennoch gab, wird im nachfolgenden Abschnitt aufgezeigt.

3.3 Problemlösung aus der Praxis

Ein zentraler Erfolgsfaktor war, dass eine affektorientierte Teamsteuerung über verschiedene Großveranstaltungen, aber insbesondere über ein Realcoaching durchgeführt wurde. Welchen Prozess das Team dabei durchlaufen hat, um die emotionalen Reaktionen bezüglich der Veränderungsprozesse zu kompensieren, entnehmen Sie der Abb. 3.2.

Hierbei ist sehr gut zu erkennen, wie es durch die Aktivierung des Background-Personality-Managements zu einer Gegenreaktion zu den auftretenden emotionalen Reaktionen kam und damit das irrationale Verhalten in Veränderungsprozessen beherrschbar wurde.

Entscheidend war, dass in den Realcoachings mit den betroffenen Teammitgliedern über den emotionalen Zustand des Background-Personality-Managements diskutiert und die Affektregulation systematisch und konsequent eingeführt wurde. Gerade der Wechsel vom negativen Affekt (Sorge/Angst/Vorahnung) durch Steigerung der Gelassenheit, was dann Abwehr und Ärger dämpfte, sorgte dafür, dass die Mitarbeiter sich langsam für die Veränderung öffneten. Das Erzeugen dieser Gelassenheit wurde nicht durch gutes Zureden erzeugt, sondern durch das Aufzeigen bisheriger Erfolge, Möglichkeiten und Chancen bei der Veränderung,

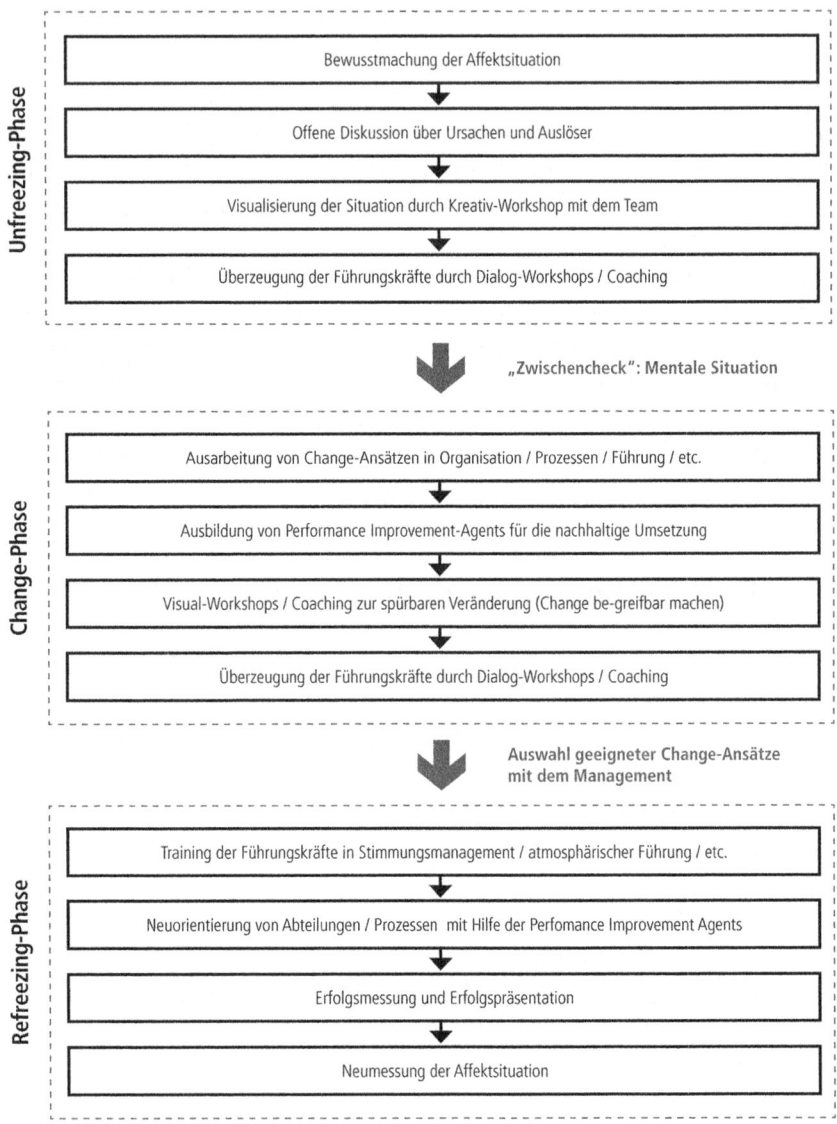

Abb. 3.2   Der Psychologische Veränderungsprozess

aber auch durch ausgedehntes individuelles Lob hinsichtlich der bisherigen Veränderungsbeiträge jedes Einzelnen.

Es wurde notwendig, die operante Konditionierung der Vergangenheit neu zu definieren. In unserem konkreten Fall bedeutete dies, dass die Angst vor Kritik, Bloßstellung und fehlender Akzeptanz ersetzt werden musste durch Mut, Offenheit und Souveränität, was über Belohnungsmechanismen dann zu einer konditionierten Verhaltensänderung führte. Die auftretende Depression bzw. Frustration als begleitende Emotionen, wenn einem klar wird, dass jeder weitere Widerstand zwecklos ist, wurde in positive Kraft umgelenkt. Wie? Es gelang, in dem gezielt und sehr offen die Herausforderungen des Loslassens sowie das Verabschieden vom Alten als Weg zur Neuorientierung aufgezeigt wurde. Das Realcoaching unterstützte dabei den Trauerprozess, indem gezielt über Verlust und Neuorientierung in der täglichen Arbeit gesprochen wurde. Durch die Qualifizierung der Führungskräfte im gezielten Stimmungsmanagement bei derartigen Veränderungen wurde die notwendige Nachhaltigkeit für die Veränderung erzeugt. Das Background-Personality-Management wurde auf das Neue konditioniert und alte Einstellungs-/Verhaltensmuster wurden entlernt (losgelassen) und neue dazu gelernt.

Wer sich diesem Prozess als Führungskraft stellen muss, sollte dabei nachfolgende Aspekte unbedingt beachten:

- Er selbst sollte zuerst seine Position zur Veränderung selbst und freiwillig definieren.
- Er sollte das Background-Personality-Management beherrschen.
- Er sollte auf keinen Fall versuchen, die emotionalen Reaktionen rational zu bekämpfen.
- Er sollte sich bewusst sein, dass Veränderungen zu 80 % eine emotionale und nur zu 20 % eine rationale Angelegenheit sind.
- Er sollte auf jeden Fall rechtzeitig externen Rat von Spezialisten hinzuziehen, bevor das gesamte Background-Personality-Management wegbricht.
- Er sollte aktiv werden, sobald sich die ersten emotionalen Reaktionen zeigen und die Situation nicht aussitzen.
- Er sollte keine Angst vor emotionalen Situationen haben.

In unserem Beispielunternehmen war es notwendig, das Loslassen im Innovationsprozess vor allem auf das Verändern von alten Prozessen und Methoden zu konzentrieren. Die Inflexibilität des Background-Personality-Managements aus Versagensangst heraus war die größte psychologische Hürde bei der Transformation. Die diffuse Vorahnung vieler Mitarbeiter bezüglich der notwendigen Veränderung sorgte für extreme negative Affekte, die nur durch eine aktive Kommunikations- und Informationspolitik der Führungskräfte hätte beseitigt werden können. Leider war dies aber nicht der Fall. Im Gegenteil wurden weiterhin noch mehr Druck und noch mehr Kritik erzeugt, was das Background-Personality-Management in die innere Resignation trieb. Ein Zuhören und aktives Gestalten der Veränderung wurden unmöglich. Erst als die Realcoachings diese Defizite beseitigten und die erste Schockstarre damit überwunden wurde, begann eine Einstellungsänderung im Team. Die gegenseitige Infizierung hinsichtlich der negativen Affekte wurde eingedämmt und durch optimistische Ansätze ersetzt.

Neben der starken psychologischen Steuerung des Background-Personality-Managements bedarf es auch einer faktischen Veränderung – die Reorganisation des Bereichs. Denn gerade bei der Neuausrichtung von Teams spielt die Organisationsentwicklung als faktisch spürbare Veränderung eine nicht unwesentliche Rolle. Durch die spürbare Anpassung des direkten organisatorischen Umfelds erkennen sowohl die Individuem als auch das Team den wahren Wert und die Chance der Umorientierung. Das Alte wird dann plötzlich zur Behinderung und das Neue zur Bereicherung. Wichtig ist dabei, dass die Organisationsveränderung zeitlich versetzt zur Veränderung des Background-Personality-Managements erfolgen muss. Erst wenn die notwendige psychologische Reife des Background-Personality-Managements erreicht ist, kann die Organisationsveränderung friktionsarm erfolgen. Es wird dann keine Zeit verloren bzw. die Leistungserbringung wird nicht gehemmt – eine Anforderung, der jede Organisationsanpassung gerecht werden sollte.

Denkanstöße für den Einstieg

- Wie lautet unser Rollenverständnis bei den Führungskräften, wenn es um die Gestaltung von Veränderungsprozessen geht?
- Wie oft hinterlässt unsere Organisation den Eindruck der Lust- und Hilflosigkeit bei notwendigen Anpassungen der Arbeitsweisen?
- In welchen Phasen der emotionalen Reaktionen befinden sich verschiedene Organisationseinheiten bei hohem Anpassungsdruck?
- Wie ist unsere Fehlerkultur in der Organisation und wie gut lernt das Background-Personality-Management aus Fehlern?
- Wie oft versanden in unserer Organisation wichtige Veränderungsprozesse?

4

Agilität in Teams durch professionelle Vernetzung fördern

Wann diesen Tipp anwenden
- Wenn die Digitalisierung die verschiedenen Organisationseinheiten oder Niederlassungen enger zusammenführt
- Wenn viele Problemlösungen im Unternehmen nur übergreifend gelöst werden können
- Wenn virtuelle Teams die Arbeitswelt dominieren
- Wenn viele Projekte über Clouds bearbeitet werden müssen

4.1 Situationsbeschreibung am praktischen Beispiel

In unserem ausgewählten Projektbeispiel handelt es sich um ein sehr erfolgreiches mittelständisches Unternehmen im Bereich der Medizintechnik. Mit seinen ca. 1500 Mitarbeitern ist es weltweit aktiv und sorgt immer wieder durch Innovationen für Aufsehen in der Branche. So war es auch nicht verwunderlich, dass gerade dieses Unternehmen einer der Branchenvorreiter hinsichtlich Wertschöpfung 4.0 war. Dieser Innovationsansatz stellte das Unternehmen jedoch vor einige organisatorische und wirtschaftspsychologische Herausforderungen.

© Springer Fachmedien Wiesbaden GmbH, ein Teil von Springer Nature 2020
W. Neun, *Digitale Transformation und Agilität in der Praxis*,
https://doi.org/10.1007/978-3-658-19624-0_4

Die digitale Transformation sorgt nicht nur für eine Vernetzung zwischen Kunden und Lieferanten, sondern auch für eine Vernetzung der verschiedenen Teams in einer Organisation. Damit verbunden sind plötzlich neue Aufgaben und Kompetenzprofile der Führungskräfte, um diesem Anspruch auch gerecht werden zu können. Die wohl größten Herausforderungen für Führungskräfte sind der Umgang mit emotionalen Reaktionen und die Veränderung in der Kommunikation und Interaktion zwischen vernetzten Teams. Klassische Soft Skills wie Vermittlungs- und Diskussionskompetenz bekommen eine ganz neue Bedeutung. Und gerade hier hatte unser Beispielunternehmen noch zentrale Defizite. So wurde es immer schwieriger, Anweisungen und klassische Arbeitsformen in dieser vernetzten Welt in Einklang zu bringen. Mobiles Arbeiten, virtuelle Zusammenarbeit und Crowdsourcing wurden für viele Führungskräfte zur scheinbar unüberwindbaren Hürde. Hinzu kam noch die unbestreitbare Eigendynamik, welche durch die Vernetzung der Teams zu einer ungewöhnlichen Agilität im Unternehmen führte. Im konkreten Fall zeigte sich dies wie folgt:

- Durch die Vernetzung des Marketings mit dem Vertrieb kam es zu einer dynamischen Entwicklung von digitalen Leads, welche den Rest der Organisation an scheinbar nicht zu bewältigende Leistungsgrenzen trieb.
- Die Vernetzung von R&D mit Qualitätsmanagement und der Organisationsentwicklung sorgte bei den Führungskräften für eine bedrohliche Situation, da diese einen Kontrollverlust bei der Interaktion dieser Einheiten verspürten.
- Auf der anderen Seite sorgten Flexibilisierung und neue digitale Technologien für große Potenziale zur Steigerung von Motivation und Produktivität, was dann aber zu einer Art hektischem Aktionismus führte, der eine Steigerung der Gesamtkosten zur Folge hatte.

Gerade das Loslassen und akzeptieren von neuen Entscheidungswegen und Entscheidungsformen fiel vielen Führungskräften in unserem Beispielunternehmen schwer. Die Folge war, dass neue bürokratische Hürden aufgebaut und die Effizienzsteigerungseffekte der Digitalisierung vernichtet wurden. Im Gegenteil wurde sogar durch diese Abwehrhaltung auf verschiedenen Ebenen die sinnvolle und notwendige Vernetzung der Teams für falsch erklärt. Das Unternehmen verkannte also trotz seiner grundsätzlich offenen Haltung gegenüber Neuem, wie wichtig Loslassen und neue digitalorientierte Führungssysteme für eine erfolgreiche digitale Transformation sind.

Neben diesem Soft-Skill-Ansatz kämpfte unser Beispielunternehmen auch mit einem Hard-Skill-Problem, nachdem die digitale Transformation und damit verbundene Teamvernetzung gestartet war – die Auflösung klassischer Arbeitsprozesse. Bisherige, über viele Jahre hinweg gepflegte, optimierte und spezifizierte Arbeitsprozesse wurden plötzlich obsolet. Durch eine digitale Vernetzung fielen Vorbereitungsarbeiten, Listen und Routinen weg. Die Folge war Orientierungslosigkeit bei den Mitarbeitern und den Führungskräften. Diese Orientierungslosigkeit schlug dann bei vielen agierenden Personen in existenzielle Angst um. Werde ich morgen noch als Sachbearbeiter gebraucht? Werden morgen unsere technischen Zeichnungen noch manuell verwaltet? Diese und viele weitere Fragen führten zu Unsicherheiten, die die von der Digitalisierung Betroffenen als Bedrohung empfanden. Ein starker Rückgang der Produktivität, geringere Effizienz in den Prozessen und unzufriedene Kunden waren die Folge. Woran lag das?

4.2 Problemdiagnose

Was ist in unserem Beispielunternehmen geschehen? Anfänglich entwickelte sich die Einführung der Digitalisierung sehr gut. Alle waren mehr als begeistert und sahen nur die Chancen dieser Entwicklung. Dann aber kippte die Stimmung. Das Background-Personality-Management entwickelte über seine Eigendynamik ein hohes Maß an Misstrauen gegenüber der Vernetzung – eine Reaktion, die durchaus normal ist. Jede Gruppe von Menschen verteidigt ihre Vorstellungen und damit die Werte des Background-Personality-Managements gegen Veränderungen. Wenn nun im Rahmen einer digitalen Transformation verschiedene Organisationseinheiten miteinander vernetzt werden, muss auch das Background-Personality-Management als vernetzte Einheit entwickelt werden. Diesen Verschmelzungsprozess gilt es, durch die Führungskräfte aktiv zu steuern und zu initiieren. In unserem Beispielunternehmen war dies nicht der

Fall. Damit prallten Arbeitsphilosophien, Führungssysteme und Arbeitsformen ungebremst aufeinander. Der Crash war vorherbestimmt.

Neben diesem Problem baute sich aber parallel noch eine weitere Herausforderung bei der Vernetzung des Background-Personality-Managements auf. Die Tatsache, dass virtuelle Teams immer stärker in den gesamten Leistungserstellungsprozess integriert wurden, führte zu einer Verwässerung des Background-Personality-Managements bei allen Beteiligten zugunsten einer verstärkten Individualisierung im Team. Einfach gesagt wurde das Background-Personality-Management durch die virtuelle Zusammenarbeit abgeschwächt und die individuellen Vorstellungen der einzelnen Teams erhielten mehr Bedeutung – ein Phänomen, das schon lange bekannt ist. Denn wenn Menschen nicht direkt miteinander agieren können, werden Gemeinsamkeiten, die ein Background-Personality-Management erst definieren, nur schwer aufzubauen sein. Dies aber wiederum verursacht einen höheren Koordinationsaufwand und eine höhere Kommunikationsdichte bei den virtuellen Teams, wie eine Studie bewiesen hat. Damit musste unser Beispielunternehmen drei größere Probleme im Background-Personality-Management im Rahmen der Teamvernetzung lösen:

1. Schaffung einer virtuellen Background Personality als gemeinsamen Bezugspunkt für die Teams
2. Abbau von Ängsten bei den Betroffenen hinsichtlich der Vernetzung der Organisationseinheiten
3. Erkennen und aktive Beseitigung der Überforderung Einzelner

4.3 Problemlösung aus der Praxis

Um dieser neuen Situation gerecht zu werden, waren einige Aktivitäten zur Problemlösung notwendig.

1. Leitbild entwickeln für die vernetzte Background Personality
Wie schon beschrieben bedarf eine vernetzte Background Personality, also eine aus mehreren eigenen Background Personalities existierende

übergeordnete Einheit, eines neuen gemeinsamen Nenners. Hierzu eignet sich die Ausarbeitung eines neuen Leitbilds mit verpflichtenden Aussagen für alle Betroffenen. Beispielhaft seien hier genannt:

• Wir sehen in unserer vernetzten Arbeitsform eine Bereicherung für alle Betroffenen hinsichtlich Flexibilität, Integration und Problemlösungskompetenz.
• Wir sorgen für maximalen Austausch auch im Hinblick auf Ängste, Gefahren und Risiken und sorgen somit für eine ausreichende Kommunikationsdichte.
• Wir steigern unseren Teamerfolg durch virtuelle Arbeitsprozesse, die uns nicht ersetzen, sondern unterstützen sollen.

Hier nur drei Beispiele von vielen. Es sollten nicht mehr als fünf Leitsätze entwickelt werden, da ansonsten die Handhabung eher schwierig wird. Wichtig ist, dass diese Leitbilder von allen immer wieder eingefordert und bei Nichteinhaltung dies auch thematisiert wird. Leitbilder sind lebendige Hilfskonstrukte, um Orientierung und Gelassenheit zu erzeugen.

2. Vernetzung aktiv gestalten und neue Routinen entwickeln
Dies wird nicht gelingen, wenn ein Unternehmen neben der digitalen Anwendung auch noch analoge Anwendungen betreiben will. Die Digitalisierung wird früher oder später das gesamte Unternehmen erfassen. Daher sollte die Vernetzung von Organisationseinheiten aktiv vorangetrieben werden. Hierzu sind die zentralen Schnittstellen durch digitale Lösungen zu beseitigen, so z. B. die Schnittstelle zwischen Sales und R&D. Die Kundenspezifikationen fließen automatisch in den R&D-Prozess und werden über eine Quality-Gate-Auftragseingabe automatisch mit Basisdaten abgeglichen. Somit werden die beiden Teams über die Prozessverschmelzung auch hinsichtlich ihrer Arbeitsformen und Arbeitsphilosophie verbunden.

Um die Umsetzung der Aufgaben und den sinnvollen Einsatz der freien Kapazitäten sicherzustellen, sollten zwischen den vernetzten Teams und in den Teams neue Routinen definiert werden. Routinen, die die Mitarbeiter entlasten und dafür sorgen, dass jeder weiß, wo der Teamkollege in seinen

Routinen Unterstützung benötigt. Gerade in virtuellen Teams ist es wichtig zu wissen, wie der andere arbeitet und welchen Beitrag das Team zur Unterstützung des anderen Arbeitsumfeldes leisten kann. Hierbei ist auf Nachfolgendes besonders zu achten:

• Routinen müssen wachsen und freiwillig entstehen.
• Routinen sind einfache Dinge und nicht komplexe Handbücher.
• Routinen müssen in Organisationen immer abgestimmt werden, damit die Erwartungshaltungen nicht unterschiedlich sind und es zur Enttäuschung kommt.
• Routinen arbeiten viel mit Symbolik und klaren Zielen. Diese sollten immer erkennbar sein und beibehalten werden.

3. Neues Belohnungs- und Bewertungssystem einführen
Unser Beispielunternehmen hatte erkannt, dass die alten Bewertungssysteme eher kontraproduktiv zu den gewünschten Zielen der Vernetzung durch digitale Transformation waren. Aus diesem Grund wurden alle Bewertungssysteme auf den Prüfstand gestellt und untersucht, inwieweit die Bewertungen auch den digitalen Transformationsprozess steuern. So waren beispielsweise früher die lokale Präsenz und das Arbeiten nach Zeiteinheiten ein wichtiger Bewertungsfaktor dafür, ob jemand engagiert war oder nicht. Heute hingegen sind das Ergebnis und die Ergebnisqualität der Bewertungsschlüssel, gleichgültig, wo und wie lange jemand dafür gebraucht hat.

Gerade diese Anpassung der Bewertungsfaktoren übersehen viele Führungskräfte und Unternehmenslenker, wenn es um die digitale Transformation geht. Da werden neue Prozesse eingeführt, Teams vernetzt und Schnittstellen beseitigt. Die Bewertungsmaßstäbe, nach denen die Mitarbeiter und Führungskräfte ihr eigenes Verhalten ausrichten, sind nach wie vor dieselben wie vor der digitalen Transformation. Karriere machen immer noch die besten Sacharbeiter, statt der agilste Begleiter des Transformationsprozesses. Fehler werden immer noch bestraft, anstatt sie als Notwendigkeit im Transformationsprozess zu sehen. Und zu guter Letzt werden starre Verhaltensweisen wie z. B. feste Arbeitszeiten, fest zugewiesener Arbeitsplatz, standardisierte PowerPoint-Präsentationen etc. belohnt. Wie soll da virtuelle Eigenverantwortlichkeit entstehen?

4. Prozessdenken in Organisationen stärken

Die Vernetzung der Background Personality verlief in unserem mittelständischen Unternehmen vor allem auf der Prozessebene. Die bisherigen Prozess-Owner mussten teilweise loslassen und die Prozesse neu denken bzw. steuern. Dies zeigte aber einen weiteren Lösungsbedarf zur Steigerung der Vernetzung der Background Personality. Es musste mehr Prozessdenken in der Organisation etabliert werden. Zu stark orientierten sich die Teams noch an ihren eigenen Territorien. Das Background-Personality-Management der einzelnen Einheiten legte großen Wert auf das eigene Territorium. Damit verbanden viele Sicherheit, Geborgenheit und Gelassenheit. Als jedoch durch die Digitalisierung die Grenzen fließend wurden, musste sich das Background-Personality-Management entweder anpassen oder selber transformieren. Hierzu wurden die Führungskräfte aufgefordert, intensiv die alten und neuen Prozesse im Dialog mit den operativen Einheiten zu diskutieren und Ängste bzw. Befürchtungen zu thematisieren.

Nach einem intensiven Austausch aller beteiligten Stellen entwickelte sich ein neues Prozessdenken, und die Territorien wurden durch eine übergreifende Prozesslandschaft ersetzt. Dieser Prozess dauerte jedoch mehr als ein Jahr und war äußerst zeitintensiv. Zu oft wurden die Ängste vor Machtverlust oder reduziertem Einfluss und damit Kontrollverlust zur entscheidenden Frage hochstilisiert. Durch gut geschulte Führungskräfte im Umgang mit Stimmungen im Background-Personality-Management konnten diese negativen Ansätze immer wieder aufgefangen werden.

Denkanstöße für den Einstieg

- Wie gut sind Ihre Teams heute vernetzt und mit übergreifenden Prozessen verbunden?
- Welche Idee für ein digitales Leitbild haben Sie, um das Background-Personality-Management intensiv zu vernetzen?
- Haben Sie gut ausgebildete Digital Leaders?
- Wie fördern Sie die Anpassung des Background-Personality-Managements hinsichtlich der digitalen Herausforderungen von morgen?
- Welchen Vernetzungsgrad streben Sie in Ihrer Organisation mit der Digitalisierung für die Teams an?

5

Zeittreiber und Blockaden bei Veränderungen durch professionelles Stimmungsmanagement eliminieren

Wann diesen Tipp anwenden

- Wenn Zeitverzögerungen bei digitalen Transformationsprozessen zur Tagesordnung gehören
- Wenn fehlende Eigeninitiative innovative Ansätze verhindert
- Wenn Veränderungen nicht nachhaltig verwirklicht werden
- Wenn ständige Machtkämpfe in der Organisation die notwendige Agilität blockieren

5.1 Situationsbeschreibung am praktischen Beispiel

Häufig sind Zeittreiber in Transformationsprozessen die Folge von mentalen und psychologischen Barrieren, welche die Organisation und insbesondere das Background-Personality-Management einer Einheit extrem verlangsamen. Barrieren, die insbesondere durch erlerntes Fehlverhalten, kombiniert mit falschen Belohnungsstrategien entstanden sind. So auch in diesem Beispielunternehmen. Als mittelständischer Produzent von Kunststoffteilen mit ca. 2500 Mitarbeitern war es weltweit eines der be-

© Springer Fachmedien Wiesbaden GmbH, ein Teil von Springer Nature 2020
W. Neun, *Digitale Transformation und Agilität in der Praxis*,
https://doi.org/10.1007/978-3-658-19624-0_5

gehrtesten Partner für viele Branchen. Seine Innovationskraft und Markt-
stärke basierten vor allem auf dem Erfindergeist des Gründers. Mit 78
Jahren – nicht mehr der Jüngste – ließ diese Kraft der Organisation plötzlich nach. Dies geschah trotz der Tatsache, dass der Inhaber immer noch
vollumfänglich die Unternehmensgeschicke lenkte. Wo lag das Problem?

Neben dem nicht gelungenen Generationswechsel zeigte sich in diesem Unternehmen ein noch gravierenderes Problem. Die Agilität des
Unternehmens war sehr stark von der Initiative und dem kreativen In-
put des Unternehmers abhängig. Sein Engagement und sein Verhalten
waren die Maßstäbe für alles. Damit wurde das Verhalten der Gesamtorganisation so konditioniert, dass Eigeninitiativen und kreative Ansätze, welche zu mehr Agilität führen würden, immer im Spiegel der
Meinung des Inhabers entwickelt wurden. Und genau hierin bestand
das Problem. Die digitale Transformation verlangt von allen Akteuren,
auch vom Unternehmer, ein neues Denken. Mehr Mut, mehr Risiko-
bereitschaft und vor allem die Bereitschaft, neue Dinge einfach einmal
auszuprobieren, waren notwendige Neuerungen. Diese Art des Mana-
gens war aber dem Inhaber mehr als fremd. Die Folge waren rückläufige
Absatzzahlen und Kundenverlust. Die Großkunden forderten eine digitale Vernetzung der Produktion und des Beschaffungswesens, was der
Inhaber aus Angst vor zu viel Transparenz gegenüber seinen Kunden
kategorisch ablehnte.

Da aber das Background-Personality-Management auf sein Verhalten
und seine Einstellung konditioniert war, konnten weder die Führungskräfte noch die Mitarbeiter die notwendige Energie und Kraft aufbrin-
gen, um sich erfolgreich für die erforderliche Transformation einzusetzen. Das Unternehmen verlor immer mehr an Marktkraft gegenüber
den Wettbewerbern. Beschleunigt wurde dieser Prozess noch dadurch,
dass der Inhaber dem Background-Personality-Management ganz deutlich signalisierte, was er belohnte und was er bestrafte. Damit fokussierte sich sein Stimmungsmanagement auf eine reine Schwarzweiß-
Betrachtung, frei nach dem Motto: Wer ist für mich und wer ist gegen
mich? Diese angstorientierte Konditionierung des Background-Personality-
Managements führte zu einer extremen Fokussierung auf negative Affekte also A– (vgl. Abb. 2.6). Durch diese Konzentration auf das Objekt-

erkennungssystem wurden notwendige Entwicklungen des Marktes schlichtweg nicht wahrgenommen. Die Organisation war mit sich selbst und ihrer eigenen Kurzsichtigkeit blockiert worden. So wurde aus einem florierenden Unternehmen mit innovativen Technologien reines Mittelmaß.

5.2 Problemdiagnose

Wenn man sich die Wirkmechanismen des Background-Personality-Managements nochmals vergegenwärtigt, dann lässt sich bei unserem Mittelständler nachfolgende Situation diagnostizieren:

1. Durch eine operante Konditionierung wurde das Background-Personality-Management zu einem Verhalten nach Befehl und Gehorsam erzogen. Durch diese Konditionierung waren Eigeninitiativen nur im Spiegelbild des Urteils durch den Inhaber möglich, was ein Querdenken quasi unmöglich machte. Die Folgen waren eine am Markt vorbei entwickelte Leistungserbringung und die Negierung alles Neuen. Die Agilität des Unternehmens kam zum Erliegen.
2. Durch das extreme „Schwarzweiß-Denken" wurde beim Background-Personality-Management eine falsche Motivation aufgebaut. Kurzsichtigkeiten mit hohem aktionistischem Anteil wurden belohnt und kritische Töne mit weitsichtigen Überlegungen zur Anpassung der Organisation verhindert. Kompromisse und Ansätze für Versuche, etwas Neues auszuprobieren, konnten nicht mehr gestartet werden. Die Organisation hatte aufgehört, sich anzupassen – ein Verhalten, das unweigerlich zu finanziellen Rückschlägen führen musste.
3. Durch finanzielle Verluste kam es zu ökonomischen Engpässen. Wieder wurde das Background-Personality-Management falsch konditioniert. Statt gemeinsam nach neuen Wegen zu suchen und die kreative Entwicklung neuer Ansätze mit Kunden zu belohnen, wurde nur nach Schuldigen gesucht. Die Bestrafung der scheinbaren Widerständler stand im Vordergrund. Die Folge waren Entlassungen von Wissensträgern im Unternehmen und die freiwillige Kündigung all derer, die das Unternehmen eigentlich noch hätten retten können.

Das Unternehmen blutete langsam, aber sicher aus. Der Inhaber glaubte aber immer daran, selbst und allein die Probleme lösen zu können.

4. Die Selbstregulationskräfte des Background-Personality-Managements wurden systematisch durch tägliche Kritik, aggressives Auftreten des Inhabers in Meetings und fehlende Integration von Entscheidungsträgern in unternehmensrelevante Entscheidungen zerstört. Das Background-Personality-Management wurde von einer Art kollektiver „Depression" erfasst. Die Mitarbeiter sahen keinen Sinn und keine Chance auf eine erfolgreiche Veränderung. Innere Kündigungen der Mitarbeiter waren an der Tagesordnung. Nur die politischen Intriganten nutzten die Situation für die Realisierung ihrer Interessen zum Leidwesen der gesamten Organisation aus. Da diese Intriganten unbehelligt agieren konnten, wurde der psychologische Zustand des Background-Personality-Managements noch mehr geschwächt. Eine fast ausweglose Situation entstand.

5.3   Problemlösung aus der Praxis

Als wir dieses Projekt übernahmen, war das Background-Personality-Management in einem wirklich erbärmlichen Zustand. Die Grenze zur Unlösbarkeit dieser Situation schien fast erreicht. Die erste zentrale Aufgabe war es, die aktuelle Situation des Background-Personality-Managements sehr tief greifend zu diagnostizieren, um dann ein Gutachten über die Chancen der Re-Konditionierung zu erstellen.

Die detaillierte Analyse zeigte eine extreme Beeinträchtigung der Selbstregulationskräfte und damit auch der Selbstheilungskräfte des Unternehmens. Die Mitarbeiter glaubten nicht mehr an das Unternehmen, an Veränderungen und an Erfolg. Erst wenn der Seniorinhaber durch eine jüngere Generation ersetzt werden würde, könnte das Unternehmen wieder beginnen zu atmen. Damit war der erste Schritt definiert – der Seniorinhaber musste verstehen lernen, dass er sein Lebenswerk selbst gefährdete. Eine Einsicht, die lange dauerte und immer kurz vor dem mehrfachen Scheitern stand. Erst als der jüngere Sohn sich bereit erklärte, sich in das Unternehmen einzuarbeiten, begann das Eis beim Seniorinhaber zu schmelzen. Natürlich musste dieser Generationswechsel mit Mediationssitzungen begleitet werden. Zu oft versuchte der bisherige Inhaber, seinem Sohn klarzumachen, dass nur er wisse, wie das Unternehmen erfolgreich zu führen sei, obwohl der Juniorchef in seiner bisherigen Karriere und Ausbildung schon mehrfach bewiesen hatte, dass er wusste, wie ein Unternehmen im Zeitalter der Digitalisierung professionell geführt wird.

Durch diesen Generationswechsel wurde das Background-Personality-Management wieder stabilisiert und die Mitarbeiter fassten wieder mehr Mut, eigene Ideen zu artikulieren und auszuprobieren. Ein zentraler Zeittreiber war eliminiert. Die vielen unnötigen Diskussionen über den Blockadekurs einiger Führungskräfte, die im Schatten des Seniorinhabers gestanden hatten, fielen weg. Die Prozesse konnten sich wieder auf die Leistungserbringung konzentrieren.

Im zweiten Schritt war es notwendig, die digitale Transformation in der Organisation zu starten. Diese zentrale Veränderung bedurfte jedoch einer größeren Überzeugungsarbeit, als anfänglich vermutet. Das Background-Personality-Management hatte sich zwar stabilisiert, aber trotzdem waren die Verlust- und Versagensängste tief verwurzelt. Durch eine Qualifizierungskaskade bei den alten und neuen Führungskräften sowie einige exemplarische Digitalprojekte entwickelte das Background-Personality-Management ein neues Verständnis für die Anforderungen der Kunden und damit auch für die Chancen der Transformation. Die Ängste wichen und Zuversicht und Spaß am Erfolg übernahmen die Hoheit.

Abschließend galt es, die neue Kraft des Background-Personality-Managements zu stabilisieren. Dies geschah durch ein neues Bewertungssystem und vor allem durch aktives Lob und Auszeichnungen in der Organisation für außergewöhnliche Leistungen. In der Abb. 5.1 sind die drei Phasen – Unfreezing – Change – Refreezing nochmals dargestellt. Genau durch diese Phasen wurde das Background-Personality-Management in unserem Beispielunternehmen geführt. Nach Rückzug des Seniorinhabers dauerte dieser Prozess 18 Monate, bis es dem Background-Personality-Management gelang, unnötigen Zeitverlust in den Prozessen aktiv zu verhindern.

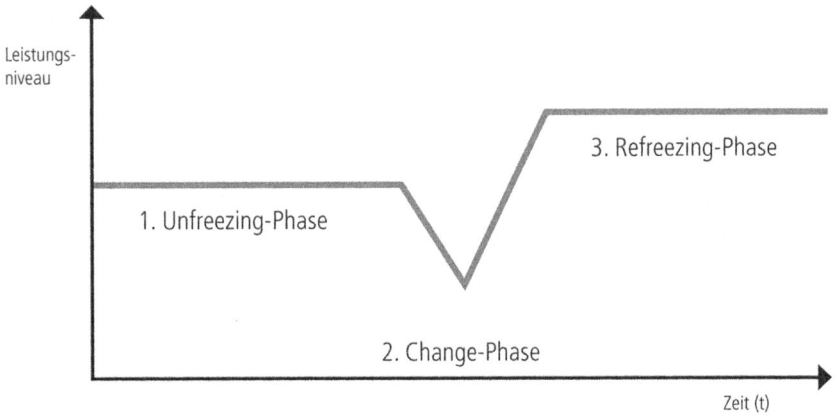

Abb. 5.1   Der Change-Prozess. (In Anlehnung an Neun 2015, S. 16; mit freundlicher Genehmigung von © Springer Fachmedien Wiesbaden GmbH 2015. All Rights Reserved)

Denkanstöße für den Einstieg

- Reichen die Eigeninitiativen Ihrer Mitarbeiter für eine umfassende digitale Transformation aus?
- Wie gut geht das Background-Personality-Management Ihrer Unternehmung mit Kritik um?
- Haben Sie das Gefühl, dass viele Projekte in Ihrem Unternehmen zu lange dauern und/oder zu umständlich gestartet werden?
- Dominieren einige Führungskräfte den Meinungsbildungsprozess in Ihrem Unternehmen und sorgen so für ein Ungleichgewicht zwischen Notwendigem und Gewolltem?
- Werden Veränderungsprozesse gemäß der Change-Kurve (s. Abb. 5.1) umgesetzt oder nicht?

Literatur

Neun W (2015) Innovationen im Mittestand erfolgreich managen. Springer Fachmedien Wiesbaden GmbH, Wiesbaden

6

Optimale Rahmenbedingungen mit dem Digital-Leadership-Konzept schaffen

Wann diesen Tipp anwenden

- Wenn Sie am Anfang eines digitalen Transformationsprozesses stehen
- Wenn Ihre Führungskräfte mit der digitalen Transformation teilweise überfordert sind
- Wenn die Entscheidungsfindungen zu lange dauern und Führungskräfte nur schleppend Eigenverantwortung übernehmen
- Wenn Veränderungsprozesse zu viel Zeit in Anspruch nehmen

6.1 Situationsbeschreibung am praktischen Beispiel

Für diesen Fall habe ich ein Unternehmen für Sie ausgewählt, das in der Elektroindustrie tätig ist. Mit seinen 2500 Mitarbeitern entwickelt das Unternehmen elektronische Bauteile für ganz unterschiedliche Branchen. Gerade diese Branche steht vor einer besonderen Herausforderung, wenn es darum geht, sich dem digitalen Wandel zu stellen. Diese Challenge besteht nicht nur hinsichtlich des eigenen Produktspektrums, das sich auf den neuen Bedarf ausrichten muss, sondern auch im Hinblick auf die digitale Integration von F&E, Produktion und Logistik.

© Springer Fachmedien Wiesbaden GmbH, ein Teil von Springer Nature 2020
W. Neun, *Digitale Transformation und Agilität in der Praxis*,
https://doi.org/10.1007/978-3-658-19624-0_6

Den Führungskräften in diesem Unternehmen kommt dabei eine besondere Aufgabe zu: Sie müssen zum einen den digitalen Wandel in Organisationsentwicklung umwandeln und zum anderen die Entwicklungsgeschwindigkeit drastisch erhöhen. Somit ist es erforderlich, dass die Gesamtorganisation eine höhere Agilität und Flexibilität aufweist als noch vor ein paar Jahren. Dieser Umstand treibt viele Führungskräfte an den Rand ihrer Möglichkeiten und sorgt für Verwirrung und Desorientierung in den Organisationen. Wie zeigte sich dies bei unserem Mittelständler?

Aufgrund der Neuverteilung der Aufgaben an virtuelle Arbeitsorte mit multikulturellen Anforderungen stellte sich heraus, wie schwer es vielen Führungskräften fällt, die bisherige ortsgebundene Arbeitsweise und damit verbundenene Routinen abzulegen. Das Entlernen, also das Neukonditionieren von Führungsmustern, fiel einigen sehr schwer. Hinzu kam, dass diese Art der virtuellen Teamführung auch neue Methoden und Ansätze benötigte, welche die Führungskräfte schlichtweg nicht kannten. Neben diesem Qualifizierungsproblem waren aber auch noch weitere mentale und prozessuale Hürden zu meistern.

Diese Art der hybriden Führung, also die Verknüpfung einer Vielzahl von Informationen mit virtuellen Strukturen und sich schnell wechselnden Anforderungen, stellte das Background-Personality-Management und damit auch die agierenden Führungskräfte vor eine zentrale Herausforderung. Wer heute über Agilität von Organisationen spricht und sich dabei auf organisationszentrierte Aufgaben fokussiert, der hat die Herausforderungen der digitalen Transformation nur ansatzweise verstanden. Die Arbeitswelt, und damit sind nicht nur Inhalte, Arbeitsorte oder Arbeitsräume gemeint, wird sich radikal ändern. Das Background-Personality-Management muss in einem ständigen Anpassungsmodus sein und vor allem die latent vorhandenen Ängste des Versagens und des Nicht-Beherrschens der Situationen schnell und konsequent meistern. Hierzu mussten die Führungskräfte in unserem Beispielunternehmen vor allem Autonomie und Selbststeuerung erlernen. Hinderliche mentale Muster, wie z. B. Misstrauen in die dezentral agierenden Mitarbeiter, mussten abgebaut und durch ein neues Selbst-/Fremdbewusstsein ersetzt werden.

Diese Erdung ist nur über ein konsequentes Managen der Background-Personality möglich. Für unser mittelständisches Elektrounternehmen stellte sich damit die Situation ganz praktisch wie folgt dar:

* Die Vielzahl der unterschiedlichen Aufgaben, die plötzlich zeitgleich zu realisieren waren, sorgten für einen hohen Resilienzverlust bei den Führungskräften – extreme Erschöpfungszustände und Krankenstände waren die Folge.
* Die vernetzte Arbeitswelt verlangte von den Führungskräften eine höhere Integration in die Background Personality, was aber die Autonomieentwicklung und Selbstbestimmtheit der Führungskräfte erschwerte. Die Folgen waren Motivationsrückgang, weniger Entscheidungsfreudigkeit und hoher Zeitverlust in den laufenden Kundenprojekten.
* Das professionelle Agieren in der virtuellen Welt sorgte darüber hinaus dafür, dass lokale Problemstellungen übersehen oder nicht gelöst wurden. Die Dualität des Handelns und die Steuerung realer und virtueller Teams überforderte Führungskräfte und Projektleiter.

Somit war es für das Background-Personality-Management bei dieser noch eher analog orientierten Führung schwer, die notwendige Gelassenheit und Zielorientierung aufzubauen, um den digitalen Anforderungen schnell gerecht zu werden.

6.2 Problemdiagnose

Neben diesen neuen Anforderungen an die Führungsqualitäten der Führungsmannschaft und der Erkenntnis, dass digitale Leader im Rahmen einer digitalen Transformation neue Methoden und neue Ansätze erlernen müssen (vgl. Abschn. 6.3), zeigte sich auch, dass sich das analoge Background-Personality-Management in ein digitales wandeln musste. Was ist darunter zu verstehen?

Nun, wenn wir uns einmal vorstellen, dass in unserem Beispielunternehmen das Background-Personality-Management vor allem darauf konditioniert war, vorhandenen Missstimmungen und negativen Affekten durch viele Gespräche, Meetings und Einzelcoaching zu begegnen, dann wird jedem sehr schnell klar, dass diese analoge Denkweise doch sehr zeit-intensiv ist. Aber gerade die benötigte Zeit für solche aufwändigen An-sätze hat das digitale Background-Personality-Management nicht. Es muss gelernt werden, die Affekte, kritischen Inhalte und Fragen schnell, unbürokratisch und selbstbestimmt zu lösen. Genau hier kommen die digitalen Leader ins Spiel. Ihre Aufgabe ist es nämlich, diese motivatori-schen, kulturellen und selbstregulativen Rahmenbedingungen zu schaf-fen. Nur wenn es gelingt, über neue Methoden das analoge Background-Per-sonality-Management in eine digitale Version zu transformieren, können Mitarbeiter und Führungskräfte das Tempo des digitalen Wandels mit-halten. In unserem konkreten Fall bedeutete dies:

- Die Kunst des Loslassens und die Annahme von Verantwortung muss-ten eingeführt werden.
- Veränderung musste zum täglichen Geschäft und nicht in Projekten realisiert werden.
- Delegationsformen mussten den multilokalen Arbeitsformen ange-passt werden.
- Selbstständiges und permanentes Lernen musste initiiert und einge-führt werden.
- Ein transformationeller Führungsstil musste eingeführt und an dem digitalen Führungswürfel trainiert werden.
- Selbstregulations- und Stimmungsmanagement mussten über eine at-mosphärische Führung realisiert werden.

6.3   Problemlösung aus der Praxis

In unserem Beispielunternehmen waren nachfolgende Schritte notwen-dig, um eine messbare Veränderung zu erreichen:

1. Führungskräfte wurden mithilfe des digitalen Führungswürfels (vgl. Abb. 6.1) zu digitalen Leadern qualifiziert.
2. Realcoachings in den Teams fand statt, um das Umlernen zu starten und die Neukonditionierung einzuleiten.

Der Digitale Führungswürfel

Neue Qualifikationselemente
für Führungskräfte

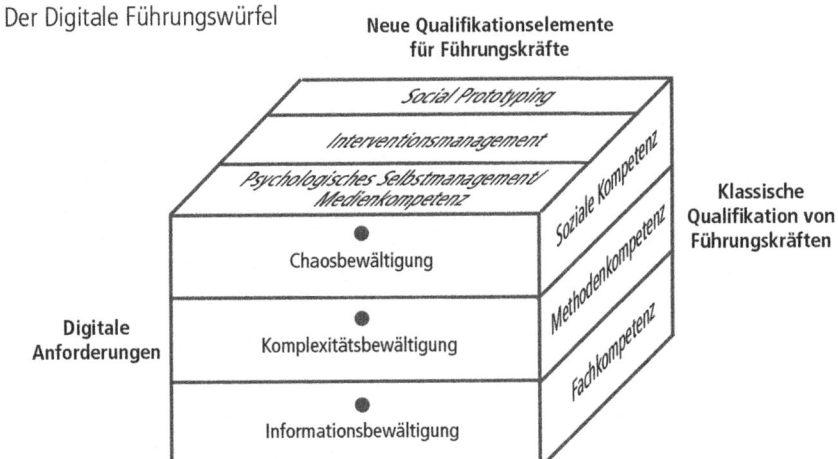

Abb. 6.1 Digitaler Führungswürfel

3. Dialekt als emotionale Komponente wurde als atmosphärischer Führungsansatz eingeführt.
4. Virtuelle Strukturen und multilokale Arbeitsformen mussten vorausgedacht werden.
5. Die gesamte Führungsstruktur bedurfte eines kompletten Relaunchs, auch bezüglich der Anzahl an Hierarchieebenen.

Aufgrund des doch größeren Umfangs dieses Transformationsansatzes konzentriere ich mich hier nur auf die digitalen Anforderungen an die Führungskräfte. Der zentrale Ansatz lässt sich über den digitalen Führungswürfel sehr gut beschreiben (vgl. Abb. 6.1).

Wie in Abb. 6.1 ersichtlich ist, werden die klassischen Qualifikationsbausteine wie Fach-/Methoden- und Sozialkompetenz mit neuen Qualifikationselementen, die durch die Digitalisierung der Arbeitswelt notwendig geworden sind, ergänzt. Diese Anforderungen lassen sich in drei zentralen Punkten zusammenfassen:

• **Chaosbewältigung:** Durch die multilokalen Arbeitsplätze und die Veränderungen in den Aufgabenstellungen der Teams kann es sehr schnell zu chaotischen Situationen kommen. Sich widersprechende

Anweisungen, unklare Aufgabenstellungen, vernetzte Arbeitsweisen werden übersehen und Abhängigkeiten von Aufgaben vernachlässigt. Dies sind nur einige Beispiele für ein chaotisches Arbeitsumfeld. Für die digitalen Leader wird diese Situation zum Alltagsgeschäft.

- **Komplexitätsbewältigung:** Um ausreichend Agilität zu gewinnen, müssen die komplexen Strukturen der Old Economy entflochten und vereinfacht werden. Wer glaubt, mit den bisherigen eher komplexen Matrixorganisationen und parallel verlaufenden Projektorganisationen den Herausforderungen des digitalen Wandels gerecht zu werden, der steigert seine Komplexität exponentiell. Die inhaltliche Komplexität, die durch virtuelle Arbeitsräume entsteht, darf nicht noch durch komplexe Organisationsstrukturen vervielfacht werden. Hier muss ein ganz besonderes Interventionsmanagement durch den digitalen Leader erfolgen.

- **Informationsbewältigung:** Die Informationsvielfalt durch verschiedenste Medien und virtuelle Kommunikationsstrukturen hat ein gigantisches Ausmaß angenommen. Gerade auch in unserem Beispielunternehmen kamen intensive Informationsstränge vonseiten der Kunden, der internationalen Projektteams und Projektpartner in Echtzeit zusammen. Die Führungskräfte verloren vor lauter Bäumen den Blick auf den gesamten Wald. Mikromanagement ersetzte weitsichtiges Agieren. Hierzu bedarf es neuer Techniken, um der Flut an Informationen gerecht zu werden und um schnell Entscheidungen treffen zu können.

Die neuen Methoden, welche die Führungskräfte als Digital Leader erlernen müssen, bestehen aus drei wesentlichen Ansätzen. Diese Ansätze sind wie die Schubladen im digitalen Würfel mit den klassischen Kompetenzen zu verbinden und für die jeweilige Herausforderung (Informationsflut/Komplexitätsreduktion und Chaosreduktion) als Bewältigungsstrategien auszuarbeiten.

Social Prototyping

Das Arbeiten mit Prototypen ist zunehmend auf dem Vormarsch. Dabei steht nicht das finale Ergebnis im Fokus, sondern die kontinuierliche Verbesserung des Prototyps bis zum notwendigen Reifegrad. Dies hat als soziale Innovation nun auch die Welt der Organisationen, des sozialen Miteinanders und der Führung erreicht. Hierbei geht es vor allem darum, das Background-Personality-Management nicht als Ergebnis eines Prozesses zu verstehen, sondern als den Prozess selbst. Beginnend mit kleinen Einheiten, z. B. einem Projektteam, werden neue Formen der Interaktion, der Kommunikation und der Konfliktbewältigung getestet. Diese dort erlangten Erfahrungen fließen dann in die Fortentwicklung des Projektteams und anschließend auch in andere Organisationseinheiten ein. Es werden neue Informations- und Kommunikationsabläufe in Teams simuliert, um im Nachgang die Komplexität menschlicher Kommunikation und Interaktion im Background-Personality-Management zu reduzieren. Diese soziale Innovation führt zu einer dynamischen und agilen Struktur der Background Personality, die über das Social Prototyping mehr Agilität und einfachere Affektregulation entwickelt. Damit plant man nicht mehr die stetigen Veränderungen, sondern erlernt die Fähigkeit als Organisation, auf die eigene Intuition zu vertrauen. Dieses agile Background-Personality-Management steigert die Geschwindigkeit der Anpassung und damit auch die Agilität, ohne jemals am Ende der Entwicklung zu sein. Viele Studien aus der Wirtschaft, dem Sport und aus sozialen Einrichtungen haben gezeigt, dass Social Prototyping eine konsequente Fortsetzung eines professionellen Change-Managements ist.

Interventionsmanagement
Die Führungskräfte in unserem Unternehmen mussten sehr häufig und auch sehr oft zu Beginn der Transformation intervenieren. Hierbei spielte die aktive Bewältigung von positiven wie negativen Affekten die zentrale Rolle. Durch ein aktives Hinführen der Organisationen und damit dem darin verankerten Background-Personality-Management zu einer selbstbewussten und eigendynamischen Regulation der Affektlagen, wurden viele komplex erscheinende Aufgaben durch Entemotionalisierung einfach und leicht gelöst. Dies führte zu spürbarer Beschleunigung der Prozesse und einem neuen Gefühl für den Erfolg. Das mutige Erkunden neuer Ansätze wurde zum Bestandteil der täglichen Arbeit von Mitarbeitern und Führungskräften. Interventionsmanagement sorgte dafür, dass neue Perspektiven erkannt und neue Vorgehensweisen in der Organisa-

tion verankert wurden. Gerade der Bereich F&E entwickelte durch diese kontinuierliche Intervention durch die Führungskräfte ein neues Selbstvertrauen, was viele schier unlösbare Entwicklungsaufgaben zum Kinderspiel machte. Ausschlaggebend war die Bereitschaft der digitalen Leader, sich aktiv des Interventionsmanagements und der damit verbundenen Methoden anzunehmen.

Psychologisches Selbstmanagement/Methodenkompetenz

Diese neue Methode der Führung basiert auf den Erkenntnissen der Lern- und Persönlichkeitspsychologie. In vielen Experimenten wurde nachgewiesen, dass die Selbstregulationskraft von Menschen ein zentraler Faktor für den Erfolg eines Teams oder einer Organisationseinheit ist. Selbstregulation heißt, sich selber und damit auch andere in die Stimmungslage zu versetzen, die dem jeweiligen Sachverhalt angemessen wäre. Dazu bedarf es im ersten Schritt der grundlegenden Kenntnis über die Art und Weise, wie der Mensch und wie das Background-Personality-Management Informationen verarbeiten. Wer diese Mechanismen verstanden hat, der wird sehr schnell merken, wie er durch Selbstregulation sich und sein Team beruhigen, motivieren oder zum Nachdenken und Analysieren anregen kann. Diese Fähigkeit sorgt dafür, dass wir bei hoher Komplexität von Sachverhalten bzw. chaotischen Zuständen trotzdem in Ruhe und Gelassenheit über den inneren Kapitän (vgl. Kap. 2) eine Lösung zur Situationsbewältigung schaffen. Da diese Bewältigungsstrategien im digitalen Zeitalter immer wichtiger werden, steigt gleichzeitig der Anspruch an die Selbstregulation. Auch bei der Auswahl von Inhalten aus Medien haben Untersuchungen gezeigt, dass Menschen und Teams (Background Personality), die es gelernt haben, in schwierigen Situationen gelassen zu bleiben, die zentralen Inhalte in Medien viel schneller erkennen können als andere, die sehr schnell unruhig und ängstlich werden. Diese Methodenkompetenz sorgt für schnelle Entscheidungen und zielsicheren Umgang mit Informationen. Dies gilt nicht nur für Einzelpersonen, sondern für ganze Teams.

Diese neuen Qualifikationselemente wurden den Führungskräften und teilweise auch speziell ausgewählten Change Agents vermittelt und bei der Anwendung aktiv gecoacht. Der Gesamtprozess dauerte dabei ca.

sechs Monate und endete mit einem Pilotprojekt in einer Organisationseinheit für das Social Prototyping.

Denkanstöße für den Einstieg

- Haben Ihre Führungskräfte Resilienzprobleme und gibt es einen hohen Krankenstand?
- Haben Sie ein Anforderungsprofil für die digitalen Leader entwickelt?
- Werden bei Ihnen einige oder gar viele Projekte sehr chaotisch und damit oft unkoordiniert umgesetzt?
- Ist der Komplexitätsgrad Ihrer Organisation drastisch angestiegen und Ihre Organisationsentwicklungsmaßnahmen greifen nicht mehr schnell genug?

7

Vertrauen aufbauen und Loslassen lernen mit Social Prototyping

Wann diesen Tipp anwenden

- Wenn die Generation Y und die Generation Z ihre Ideen und Ansätze im Unternehmen nur begrenzt umsetzen können
- Wenn die Antwort zu häufig lautet: „Ja, *aber* ...“
- Wenn ständig dieselben Mitarbeiter oder Führungskräfte in Projekten mitarbeiten sollen
- Wenn Veränderungen immer an ein paar wenigen Mitarbeitern scheitern

7.1 Situationsbeschreibung am praktischen Beispiel

Die Kunst des Loslassens wird in Zeiten des digitalen Wandels für viele Unternehmen immer schwieriger. Hierbei spielt eine Vielzahl von Gründen eine zentrale Rolle. Durch den schnellen Wechsel von Inhalten und Themen über die turbohafte Verbreitung über das Internet haben viele Unternehmen keine Zeit mehr, ihre Strategien bzw. Geschäftsmodelle zu entwickeln bzw. zu testen. Die Geschwindigkeit des Wandels in der

© Springer Fachmedien Wiesbaden GmbH, ein Teil von Springer Nature 2020
W. Neun, *Digitale Transformation und Agilität in der Praxis*,
https://doi.org/10.1007/978-3-658-19624-0_7

digitalen Gesellschaft trifft auf veraltete und langsame Strategieentwicklungs- und Umsetzungsprozesse in den Unternehmen. Dass es auch anders geht, zeigen viele Start-ups. Sie haben nie den Anspruch, die eigene Unternehmensstrategie bzw. das eigene Geschäftsmodell zu 100 Prozent auszuformulieren oder gar alle Mitarbeiter dafür „abzuholen". Im Gegenteil: Die Prototypen von Gesellschaftsmodellen sind einer der zentralen Erfolgsansätze vieler Start-up-Unternehmen. Hierbei begnügen sich die Unternehmen damit, ihr Geschäftsmodell nur ansatzweise zu formulieren, um dann sofort über das Internet erste Tests und Piloten mit potenziellen Kunden durchzuführen. Damit werden die zukünftigen Kunden zu Produkt- und Dienstleistungsentwicklern für die jungen Unternehmen, wodurch sich die Entwicklungszeiten immens verkürzen und die neuen Prozesse direkt auf die Kundenbedürfnisse zugeschnitten sind.

Dies war auch die Herausforderung bei unserem Beispielunternehmen. Mit seinen ca. 1900 Mitarbeitern war das Unternehmen als Automobilzulieferer weltweit tätig. Durch spezielle Produktionsverfahren und Materialverarbeitungstechniken hatte sich das Unternehmen in den letzten 50 Jahren einen Namen in der Zuliefererbranche aufgebaut. Dies ging alles sehr gut, bis der digitale Durchbruch die Märkte und damit das Verhalten aller Marktteilnehmer dramatisch veränderte.

Das bisherige Geschäftsmodell des Unternehmens basierte auf einer engen Kommunikation und Zusammenarbeit mit seinen Kunden. Als diese jedoch begannen, die eigene Strategie den Möglichkeiten von Internet & Co anzupassen, wurden auch die Art der Kommunikation und der Zusammenarbeit mit den Lieferanten neu definiert. Plötzlich war die direkte Kommunikation, welche Zeit verschaffte, um Fehler oder Anforderungen noch schnell zu korrigieren, verloren gegangen. Der Kunde forderte eine direkte Onlineverbindung zu seinen Lieferanten, um selbst in die Produktion eingreifen zu können, sofern es die Situation erforderte. Damit wurden für unser Beispielunternehmen alle eigenen Fehler, Defizite und Unzulänglichkeiten sichtbar, die bis dahin über persönlichen Einsatz wieder wettgemacht werden konnten. Alle Bemühungen, das eigene Geschäftsmodell und die damit verbundene Strategie der neuen Situation anzupassen, scheiterten.

Das Scheitern war vor allem eine Folge des Nichtloslassenkönnens von Führungskräften und ganzen Organisationseinheiten. Denn selbst nachdem einige Führungskräfte ausgetauscht worden waren, gelang es nicht, die notwendigen Neuerungen vorzunehmen. Die Background Personality wehrte sich gegen die Veränderung und konnte das veraltete Geschäftsmodell nicht loslassen. Über ein offensives Prototyping mit dem Kunden hätte das Unternehmen sicherlich schnell wieder zur alten Stärke zurückfinden und sein Geschäftsmodell der neuen Situation anpassen können. Hierbei waren aber insbesondere der Bereich R&D sowie Fertigung und Anwendungstechnik die großen Hürden, die es zu meistern galt.

Durch eine Vielzahl von Gesprächen und eine systematische Analyse der Background-Personality-Struktur zeigte sich, dass das Leistungsmotiv der Organisationseinheiten auf ein Minimum gesunken war. Damit verbunden war auch die fehlende Bereitschaft, Neues auszuprobieren und mutig anzugehen. Diese fehlende Handlungsorientierung in den jeweiligen Organisationseinheiten führte zum Stillstand. Untersuchte man diese Situation genauer, dann stellte man fest, dass die Verlustangst in der Organisation extrem stark ausgeprägt war. Es war nicht die Furcht vor dem Neuen oder der Veränderung, sondern die Angst, dass viele Errungenschaften und Fortschritte durch diese neue Form der Zusammenarbeit verloren gehen würden. So hatte das Unternehmen in seinen Produktionsabläufen ganz neue Quality-Gates eingeführt, auf die alle sehr stolz waren. Aber gerade diese Gates wurden jetzt überflüssig, da sie auf Kundenseite selbst übernommen wurden. Der Stolz dominierte aber das Geschehen im Unternehmen. Deswegen unterstellten die Führungskräfte und Mitarbeiter dem Kunden, dass er diese Quality-Gates nicht beherrschen könne. Der Kunde belehrte unser Beispielunternehmen aber eines Besseren. Was also war die wirkliche Ursache für dieses Problem?

7.2 Problemdiagnose

Die Persönlichkeitspsychologie bietet einige Ansätze für die Analyse dieser Ängste und Widerstände. Wenn man sich Abb. 2.6 näher anschaut, dann stellt man fest, dass der Zugang zu unserem Erfahrungsgedächtnis (Extensionsgedächtnis) vor allem dadurch entsteht, dass wir Ängste, Gefahren und Fehler erfolgreich meistern. Dieses Zusammenspiel von Objekterkennung mit dem Extensions- oder Erfahrungsgedächtnis, also die

Fokussierung auf die Gefahr und die damit verbundene Angst, wird als das erlebnisorientierte System bezeichnet. Dieses System ist darauf ausgerichtet, unsere Erlebnisse, insbesondere unsere schmerzlichen Erlebnisse, zu verarbeiten, um dann die daraus gewonnenen Schlüsse und Erfahrungen abzuspeichern. Dies war und ist für den Homo Sapiens ein wichtiger Prozess. Denn nur wenn wir aus Gefahren, Niederlagen oder Bedrohungen die richtigen Schlüsse ziehen, lernen wir daraus. Dies erkannte auch schon Karl Popper (1902–1994) in dem er sagte, dass wir nur durch Versuch und Irrtum wirklich lernen und unsere Darstellungen von möglichen, zukünftigen Ereignissen uns dazu bringen, es auszuprobieren, um dann aus einem potenziellen Scheitern zu lernen (YouTube 2019).

Der Nachteil dabei ist aber, dass wir zum Zeitpunkt des Denkens in der Zukunft oder dem Verarbeiten von schmerzlichen Erfahrungen nicht handlungsorientiert sein können. Unser zweites System in unserem Gehirn, das die Verbindung zwischen logischem Denken und intuitivem Verhalten darstellt, ist in diesem Augenblick blockiert. Wird aber das erlebnisorientierte System ständig aktiviert, dann sind wir gelähmt in unserem Handeln und Umsetzen von Inhalten. Wir denken und verarbeiten Erlebnisse, aber handeln nicht. Ist nun eine Organisationseinheit aufgrund ihrer Background Personality hierfür besonders empfänglich, dann führt es zu den in der zuvor genannten Situationsbeschreibung dargestellten Zuständen. Wir lassen nicht los, weil wir erst unsere Erlebnisse und Ängste verarbeiten müssen. Lassen wir aber nicht los, werden die Verlustängste nur noch größer, weil der Leidensdruck von außen, in unserem Fall durch den Kunden ausgelöst, immer stärker wird. Wie man sieht, befinden wir uns hier in einem Teufelskreis. Diesen zu durchbrechen war eine zentrale Aufgabe des Coachings der Teams unseres Beispielunternehmens.

Leider war jedoch die Blockierung der Handlungsorientierung in der Background Personality nicht das einzige Problem, das es zu bewältigen gab. Eine weitere, durchaus nicht weniger wichtige Herausforderung war durch die Analyse gut zu erkennen.

Die Organisationen waren nicht in der Lage, eine positive Stimmung für die Veränderung aufzubauen. Damit wurde das „Wollen" für die Veränderung eher blockiert, statt gefördert. Genau hier sollte dann auch das

Coaching ansetzen, um einen ersten Schritt in Richtung des Loslassens einzuleiten.

Wie man in Abb. 7.1 erkennen kann, greift das Stimmungsmanagement insbesondere dort ein, wo wir aus unserem Bedarf oder unseren latenten Bedürfnissen das Wollen ableiten. Denn der Mensch ist das, was er will. Der freie Wille, sofern dieser realisierbar ist, gibt uns Kraft, mit Motivation und Entscheidungsfreudigkeit neue Dinge anzugehen. Wir wägen dabei immer ab, wie hoch der Umsetzungserfolg zum einen und das Scheitern zum anderen sind. Bei einer eher schlechten Stimmungslage, also bei vielen negativen Affekten (Verlustangst, Versagensangst etc.) wird das potenzielle Scheitern höher bewertet als der Umsetzungserfolg. Damit werden wir zögerlicher, trauen uns nicht richtig und lassen nicht los. Dies gilt eben nicht nur für einzelne Personen, sondern für ganze Teams.

Dies ist außerdem auch ein Grund, warum Profi-Fußballmannschaften in einer Saison in ihrer Leistungskurve oft erheblich schwanken. Denn Stimmungslagen ändern sich sehr oft und schnell. Da war der letzte Sieg noch als das Jahrhundertereignis gefeiert worden, schon zittert die ganze Mannschaft vor dem nächsten Gegner, weil dieser in den

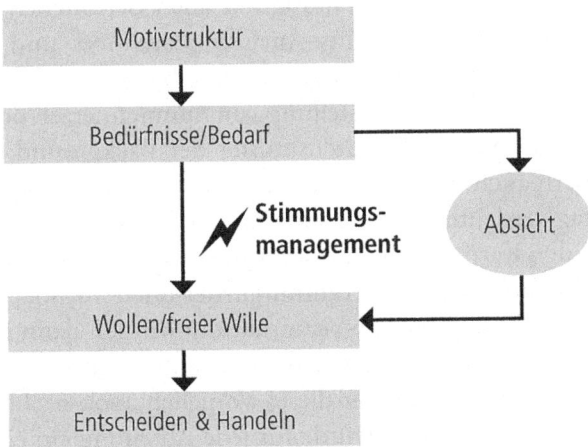

Abb. 7.1 Stimmungsmanagement beim Menschen. (Aus Neun 2015, S. 71; mit freundlicher Genehmigung von © Springer Fachmedien Wiesbaden GmbH 2015. All Rights Reserved)

Medien als Favorit für die Partie gehandelt wird. Die Stimmungslage der Fußballmannschaft kippt von positiv-euphorisch zu ängstlich und zögerlich. Wird diese Stimmungslage durch den Trainer nicht korrigiert, dann spielt diese Mannschaft auch zögerlich und ängstlich.

Vergleichbar geschieht dies ebenso in Unternehmen und deren Organisationseinheiten. Negative Stimmungen blockieren unseren freien Willen und damit das Wollen des Loslassens. Aber wie löst man dieses Problem und wie ist es unserem Beispielunternehmen ergangen?

7.3   Problemlösung aus der Praxis

Um das Loslassen in unserem Praxisbeispiel und damit die Entwicklung von neuen Prozessen durch Prototyping einzuleiten, musste zuerst die Stimmungslage der Teams gezielt beeinflusst werden. Dieses sogenannte Unfreezing (vgl. Abb. 5.1), also das Schaffen einer positiven Einstellung für die Notwendigkeit von Veränderungen, fand in Kooperation mit ausgebildeten Change-Agenten des Unternehmens statt. Sie begleiteten den Veränderungsprozess intern durch diverse Workshops sowie Teamentwicklungsmaßnahmen. Grundsätzlich war es jedoch am Anfang notwendig, dass über eine Großveranstaltung mit allen Betroffenen die Ergebnisse der Background-Personality-Analyse präsentiert und vor allem diskutiert wurden. Die Visualisierung der Ergebnisse war dabei entscheidend. Nicht nur durch die Darstellung von Spinnennetzen oder Balkendiagrammen wurden die Verhaltensmuster der Background Personality gezeigt, sondern auch durch Illustrationen, welche den Background-Personality-Alltag verdeutlichten. Gerade diese Illustrationen präsentierten eindrücklich den Kern der Herausforderungen, nämlich die gegenseitige, unbewusste Manipulation der Teammitglieder untereinander.

Basierend auf dieser Kick-off-Veranstaltung wurden dann in verschiedensten Teams mit unterschiedlichen Ansätzen das ganze Team und die Führungskräfte gecoacht. Damit dieses Vorgehen auch nachhaltige Veränderungen mit sich brachte, wurde für jede Abteilung ein eigenes Leitbild für die Veränderung und das Loslassen entwickelt – in Wort und Bild. Gerade die bildliche Darstellung der notwendigen Veränderungen zeigten eindrücklich die Chancen des Loslassens. Damit wurde das handlungsorientierte System in unserem Gehirn verstärkt angesprochen – das Wollen für diesen in den Bildern dargestellten Zustand wurde begehrlich. Die Menschen bekamen Lust auf Veränderung – das Eis war damit gebrochen.

Das Prinzip des Prototypings wurde über ein eigenes Handbuch im Unternehmen etabliert, das Vertrauen aufbaute und das Loslassen erleichterte. Denn jeder konnte sehr genau nachvollziehen, was heute und in Zukunft passieren würde. Um das noch vorhandene Vorurteil gegenüber den Kunden, dass diese die Quality-Gates nicht beherrschen, abzubauen, wurde mit dem Kunden eine Reihe von Zukunftswerkstätten durchgeführt. In diesen Veranstaltungen erarbeitete der Kunde mit unserem Beispielunternehmen unter neutraler Moderation neue Ansätze, Notwendigkeiten und Inhalte für die zukünftige Zusammenarbeit. Der neue digitale Prozess wurde dabei detailliert beschrieben, was letztendlich bei allen Entscheidern in unserem Unternehmen die Ängste abund die Zuversicht aufbaute. Neben diesen internen Effekten wurden durch die Zukunftswerkstätten auch die Kundenbeziehungen verbessert. Das Coaching der Kundenbeziehung und die damit verbundene psychologische Betreuung des Verhaltens beider Seiten waren ebenfalls ein Schlüssel zum Erfolg und zu einem bewussteren Background-Personality-Management.

Trotz all dieser Maßnahmen gab es jedoch einige Teammitglieder, die einfach nicht loslassen wollten. Sie opponierten oft ohne Verstand in den Meetings und argumentieren häufig mit Argumenten, die auf ihrer Erfahrung basierten, und weniger über Fakten. Diesen Mitarbeitern wurden jüngere Kollegen und Change-Agents zur Seite gestellt, die mit neuen und innovativen Ansätzen einen ständigen Denkprozess auslösten, was den Prozess des Loslassens förderte. Bis auf insgesamt zwei sehr hartnäckige Fälle, von denen sich das Unternehmen schließlich trennte, gelangen der geistige Wandel und die Veränderung innerhalb der Background Personality. Unser Beispielunternehmen ist heute einer der führenden Mittelständler für erfolgreiche Digitalisierung in der Kundenbeziehung und besonders begehrter Arbeitgeber für die Generation Y und Z.

Denkanstöße für den Einstieg

- Kennen Sie die Situationen Ihrer Organisationseinheiten hinsichtlich deren Stimmungslagen gegenüber Veränderungen genau?
- Wie oft werden Veränderungen und das Loslassen in Ihrem Unternehmen aktiv vorgelebt?
- Kommt Ihre Organisation dem schnellen Wandel der Digitalisierung noch nach?
- Ist Ihr aktuelles Geschäftsmodell noch zukunftsfähig – wo sollten Sie loslassen und Neues ausprobieren?
- Gehört Prototyping zur Standardmethodik Ihrer Führungskräfte und Mitarbeiter?

Literatur

Neun W (2015) Innovationen im Mittelstand erfolgreich managen. Springer Fachmedien Wiesbaden GmbH, Wiesbaden

YouTube (2019) Philosophiekanal YouTube 01.03.2019, Auszeichnung: Leben ist lernen (1983) – Streitgespräch zwischen K. Popper und Konrad Lorenz. http://www.youtube.com/watch?v=4wo-jMajhUw. Zugegriffen am 06.12.2019

8

Strategien mit Hochleistungsteams nachhaltig umsetzen

Wann diesen Tipp anwenden

- Wenn der Strategiewechsel in Ihrem Unternehmen nicht oder nur sehr schleppend gelingt
- Wenn Sie Hochleistungsteams mit hoher Agilität aufbauen wollen
- Wenn Sie feststellen, dass Ihr Wertegerüst im Unternehmen nicht mehr zeitgemäß ist
- Wenn zu viele Strategieprojekte versanden

8.1 Situationsbeschreibung am praktischen Beispiel

Viele Unternehmen leiden unter einer weit verbreiteten Krankheit: dem Versanden von Projekten zur Umsetzung von Strategien. Es handelt sich um einen immer wieder von den Unternehmen beklagten Zustand, dem ich mithilfe von Forschungsarbeit und einer Vielzahl von Studien sowie mehreren Beratungsprojekten auf den Grund gegangen bin. Die zentralen Fragen sind hierbei:

© Springer Fachmedien Wiesbaden GmbH, ein Teil von Springer Nature 2020
W. Neun, *Digitale Transformation und Agilität in der Praxis*,
https://doi.org/10.1007/978-3-658-19624-0_8

- Warum werden so oft intelligente, marktorientierte und notwendige Projekte zur Umsetzung von Strategien weltweit nicht umgesetzt?
- Warum lässt sich das Grundverständnis für neue Strategien in Unternehmen so schwer etablieren?
- Warum gibt es so wenig Hochleistungsteams in den Unternehmen, welche die Strategien durch die Organisation hindurch umsetzen?
- Welche Werte sind entscheidend für einen schnellen und nachhaltigen Strategie-Change in den Unternehmen?

All diese Fragen und noch weitere Aspekte werde ich am Beispiel eines Projekts mit einem größeren Mittelständler erläutern bzw. beantworten. Dabei spielen die wirtschaftspsychologischen Ansätze für meine Ausführungen eine zentralere Rolle als die inhaltliche Entwicklung von Strategien und Werten – der Schwerpunkt ist die Umsetzung und weniger die konzeptionelle Vorarbeit.

Das ausgewählte Unternehmen ist im Bereich der chemischen Industrie tätig und weltweit aktiv. Mit ca. 6000 Mitarbeitern gehört es eher zu den Schwergewichten der Branche. Damit ist dieses Unternehmen auch in vielen technologischen Fragestellungen federführend für die ganze Branche. Durch diese doch etwas exponierte Stellung im Markt ist es für unser Beispielunternehmen besonders wichtig, sehr schnell auf Veränderungen im Markt und bei der angewandten Technologie strategisch zu reagieren. Flexibilität und Agilität sind daher die zentralen Anforderungen an die Organisation, die Teams und jeden Einzelnen im Unternehmen. Diesen Anforderungen stellt sich das Unternehmen heute mit größtem Erfolg. In der Vergangenheit zeigte sich das Unternehmen jedoch in einem anderen Bild.

Durch einen Wechsel im Management vor einigen Jahren kam es auch zu einem Strategiewechsel. Das ist ein an sich normales Vorgehen, wenn die Führungsspitze neu ist. Bei unserem Unternehmen allerdings wollte die neue Führung wollte nur eine neue Strategie, sondern auch – und das gleichzeitig – eine neue Führungskultur mit neuen Werten einführen. Dabei legte das neue Führungsduo (CEO und CFO) keinen besonderen Wert auf die echte und intensive Mitwirkung durch die Führungskräfte und Mitarbeiter, sondern mehr auf die Umsetzung seiner eigenen Ideen, selbst wenn die Gefahr bestand, dass diese zu dramatischen Problemen führen könnten.

Natürlich wurden in unserem Unternehmen, wie in vielen anderen Unternehmen auch, eine Vielzahl von Placebo-Veranstaltungen mit den Führungskräften und ein paar Mitarbeitern durchgeführt. Nachhaltig und motivierend waren diese Veranstaltungen nicht, denn jeder wusste, dass nur die Ideen und Ansätze der beiden obersten Führungskräfte umgesetzt werden durften, was die Veranstaltung zu einer Farce machte. Kritik oder Gegenvorschläge wurden zwar freundlich entgegen, aber nicht ernst genommen. Darüber hinaus wurde diese Wahrnehmung bei den Mitarbeitern noch dadurch verstärkt, dass das Topmanagement sehr unbedarfte Äußerungen in der Organisation platzierte.

Eine dieser typischen Aussagen des CEO im Rahmen eines Führungskreismeetings war: „Ich glaube nicht daran, dass Führung erlernbar ist, Führung ist ein Geburtsrecht – entweder kann man es oder auch nicht." Nach dieser Aussage war jede Motivation, jeder Mut für Entscheidungen und jeder Glaube an den Erfolg zerstört. Natürlich traute sich keiner im Führungskreis zu widersprechen, denn der CEO war neu, und wer möchte es sich schon gerne beim Neuen verscherzen? So kursierte die Aussage im ganzen Unternehmen und führte dazu, dass nicht nur die Stimmung, sondern auch das Leistungsniveau der Führungskräfte kollabierte. Jede neue strategische Ausrichtung wurde unter dem Aspekt des „wir können ja sowieso nicht führen" betrachtet. Entscheidungen wurden auf die lange Bank geschoben, Teamarbeit entwickelte sich zu ausgedehnten Profilierungskämpfen und die notwendige Agilität wurde durch Dienst nach Vorschrift ersetzt.

Damit war der geplante Strategiewechsel im Keim zerstört, was wiederum dazu führte, dass viele junge Mitarbeiter das Unternehmen verließen oder nur darauf warteten, bis ein Headhunter anrief. Denn wer möchte schon seine Karriere in einem Unternehmen aufbauen, in dem der nackte Profilierungskampf im Vordergrund steht?

Die Background Personality dieses Unternehmens hatte schwer gelitten und sich in eine Verweigerungshaltung treiben lassen. Die Situation änderte sich nicht einmal dann, als der Aufsichtsrat sich von den beiden Managern wieder trennte. Die Nachfolger verstanden die Welt nicht mehr, als sie die Situation in diesem Unternehmen sahen. Was war geschehen? Wie konnte man diese Background Personality wieder zur Höchstleistung bringen? Wie ließ sich das Problem am besten diagnostizieren?

8.2   Problemdiagnose

Es war wirklich keine einfache Situation, als ich zum ersten Mal mit den Führungskräften und einigen Mitarbeitern sprechen konnte. Nicht nur war die Motivation vollständig aus der Organisation verbannt, sondern jeder redete über jeden nur noch schlecht. Mehr als die Hälfte der Arbeitszeit wurde mit der Diskussion über die schlechte Kultur, den schlechten Umgang und die Profilierungssucht einiger Führungskräfte vergeudet. Die Background Personality wurde auf negative Affekte im ganzen Unternehmen geeicht. Jede Aussage wurde von jedem auf die Goldwaage gelegt und kritisch beäugt. Sachthemen konnten inhaltlich gar nicht diskutiert oder durch neue Ideen verbessert werden. Jeder versteckte sich hinter seinen Abteilungsgrenzen. Nur die kleinen Teams in den jeweiligen Abteilungen bildeten noch Inseln des Rückzugs und des resilienzorientierten Wohlfühlens.

Die ehemaligen Topmanager hatten mit ihrer Einstellung zu Menschen und zu ihrer Aufgabe die bis dato sehr erfolgreich wirkenden Unternehmenswerte außer Kraft gesetzt. Die Identifikation mit dem Unternehmen war fast unmöglich geworden, da sich in dieser feindlichen Umgebung keiner wohlfühlen konnte. Die negativen Affekte A− waren omnipräsent in der Gesamtorganisation. Die Gesichter der Mitarbeiter waren wie eingefroren, und kaum einer traute sich, etwas zu sagen oder zu unternehmen.

Damit war der Fluchtreflex, einer von unseren Vorfahren vererbter Schutzmechanismus vor Bedrohungen, im Herzen des gesamten Unternehmens eingeimpft. Dieser Flucht-/Angriffsreflex basiert darauf, dass wir durch die Wahrnehmung von Gefahren eine Schmerzvermeidungsstrategie entwickeln (vgl. Abb. 8.1). Der Organismus schützt sich vor vermeintlichen Schmerzen, indem er flieht oder, wenn er in die Enge getrieben wird, angreift. Dieser Reflex ist auch im Tierreich sehr gut beobachtbar. Der Schmerz, personifiziert durch den neuen CEO und CFO, hatte sich in das kollektive Bewusstsein der Background Personality unseres Beispielunternehmens eingebrannt. Jeder floh vor einer neuen Verantwortung im Rahmen der Strategieumsetzung, vor allem deswegen, weil man selbst nicht mehr an den eigenen Erfolg und den Sinn dieser

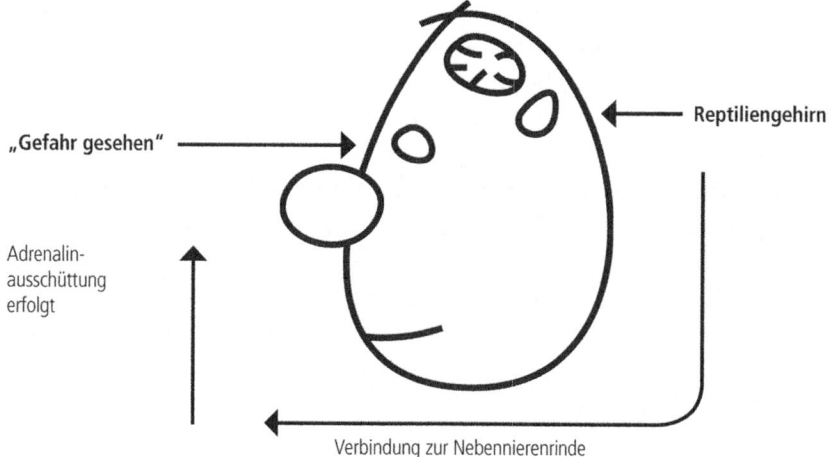

Abb. 8.1 Willi und das Reptiliengehirn. (In Anlehnung an Neun 2015, S. 88; mit freundlicher Genehmigung von © Springer Fachmedien Wiesbaden GmbH 2015. All Rights Reserved)

neuen Strategie glaubte. Aus handlungsorientierten Machern wurden Mitläufer ohne Herzblut und Umsetzungsagilität. Denn durch den negativen Führungsstil des neuen Topmanagements wurde nicht nur der Antrieb aus der Organisation genommen, sondern auch der Wille zum Erfolg. Wer den Sinn einer Strategie nicht verstanden und verinnerlicht hat, kann diese auch nicht mit Überzeugung und voller Tatendrang umsetzen. Und wer möchte schon eine Strategie umsetzen, wenn sie von Menschen gemacht wurde, die nur an sich selbst und nicht an das Team glauben?

Diese Schmerzvermeidungsstrategie wurde noch dadurch verstärkt, dass eine Identifikation mit der neuen Strategie unmöglich war. Zum einen, weil die neuen Manager niemanden wirklich ehrlich und glaubwürdig integrierten. Zum zweiten, weil die Background Personality im Rahmen ihres gestalterischen Machtmotivs nicht gefordert wurde. Das gestalterische Machtmotiv sorgt normalerweise dafür, dass wir neue Wege bestreiten, dass wir gestalten und unser Verhalten auf neue Situationen einstellen wollen. Dabei erzeugt jede neue Strategie erst einmal Angst und Ablehnung. Wenn man aber dieser Angst und Ablehnung mit einem ausgeprägten Machtmotiv und mit sozialer Unterstützung begegnet,

dann kommt es zu einer spürbaren Leistungssteigerung. Dann wird nämlich nicht Schmerz vermieden, sondern der Organismus bekommt Lust
auf Neues. Da beide Antagonisten der Angst im Unternehmen aufgrund
des Führungsstils ausgefallen waren, konnte keine Lustgewinnungsstrate-
gie entstehen.

Lustgewinnungsstrategien sorgen für ein gesteigertes Leistungsmotiv.
Gerade dieses gesteigerte Leistungsmotiv hätte aber dann dafür gesorgt,
dass die Mitarbeiter und ihre Führungskräfte bestrebt gewesen wären,
ihre Aufgaben nicht nur zu meistern, sondern sie besonders gut zu lösen
und sich dabei sogar selbst zu übertreffen. Damit wären plötzlich Hochleistungsteams am Werke gewesen, welche die Strategie schnell, agil und
zielsicher umgesetzt hätten.

Natürlich stellte sich in diesem Beispielunternehmen die Frage, wie
man diesen Zustand herstellen kann. Wie macht man aus einem frust-
rierten und völlig desorientierten Team wieder ein Hochleistungsteam?
Diese Aufgabe wurde im Rahmen verschiedenster Arbeits- und Coa-
chingformate im Unternehmen gemeistert.

8.3   Problemlösung aus der Praxis

Um diesen Zustand des Höchstleistungsmotivs zu erreichen, waren in
diesem Unternehmen drei zentrale Ansätze erforderlich:

**1. Aufbau von Erfolgs- und Abbau von Misserfolgsmotiven in der
Background Personality**
Jeder Mensch trägt ein unterschiedlich hohes Maß an Erfolgs- oder Miss-
erfolgsorientierung in sich. Diese entsteht vor allem durch die verschiedensten Erfahrungen, die die Menschen im Laufe ihres Lebens mit he-
rausfordernden Situationen gemacht haben. Auf diesen Erfahrungen
bauen sie dann ihre Entscheidungen auf und überprüfen regelmäßig, ob
ihr Verhalten eher zum Erfolg oder Misserfolg führte. So setzen sich
z. B. eher misserfolgsorientierte Menschen zu hohe Standards, die sie oft
nicht erreichen können. Oftmals sehen gerade diese Menschen keinen
direkten Zusammenhang zwischen ihrer persönlichen Anstrengung und
dem entstandenen Resultat. Damit werden Erfolge eher externen Fakto-

ren zugeschrieben, und der zu Misserfolgen orientierte Mensch weicht lieber auf leichte Aufgaben aus.

Dies gilt im gleichen Maße auch für die Background Personality. Auch hier gibt es Organisationseinheiten, die eher leichte Aufgaben für sich bevorzugen und bei schwierigen Aufgaben eher ausweichend reagieren. Je nachdem, wie hoch das sogenannte LOM, also die Lageorientierung nach Misserfolgen, in der Background Personality ist, können misserfolgsorientierte Gruppen ihre Niederlagen besser oder schlechter verdauen. Sie bleiben quasi in der Lage stecken und denken ständig nur darüber nach, was schiefgelaufen ist, ohne eine Lösung zu erkennen. Man bewehräuchert sich gegenseitig und verkriecht sich in kollektives Selbstmitleid. Diese Teams treten dann auf der Stelle, sind also lageorientiert. Bei einem hohen HOM, also Handlungsorientierung nach Misserfolgen, suchen sich die Teams jedoch nach einer Niederlage sehr schnell wieder neue Herausforderungen und lernen aus der Niederlage. Diese Teams kommen wie Stehaufmännchen sehr schnell wieder zur Umsetzung zurück. Auch sind diese Teams nach Misserfolgen mutiger und risikofreudiger, wenn es um die Umsetzung von Strategien mit kreativen Ansätzen geht.

Dieser wissenschaftlichen Erkenntnis geschuldet wurde in unserem Beispielunternehmen zuerst das Erfolgs- und Misserfolgspotenzial (also LOM und HOM) der Teams sehr genau analysiert. Im Anschluss wurden dann individuelle Teamtrainings und Teamcoachings entwickelt, um genau diese Potenziale oder Defizite zu behandeln. Stärken wurden dabei gestärkt und Schwächen durch gemeinsam ausgearbeitete „Beipässe" umgangen. Es machte keinen Sinn, bei dieser Organisation Schwächen zu beseitigen, denn die Background Personality war durch die schlechte Führung in der Vergangenheit schon stark genug verunsichert worden.

2. Aufbau von teamübergreifender sozialer Unterstützung
Soziale Unterstützung war für die potenziellen Hochleistungsteams ein ganz wichtiger Aspekt für eine effiziente und schnelle Umsetzung der Strategie. Um diese Unterstützung aber auch nachhaltig sicherzustellen, musste ein neues Wertegerüst entwickelt werden, das genau diese sozialen Unterstützung in der Gesamtunternehmung bot. Einige Werteformulierungen, die auch aktiv gelebt wurden, sind:

- Immer wenn wir in schwierige und scheinbar unlösbare Situationen kommen, helfen wir uns gegenseitig!
- Bei Erfolg freuen wir uns füreinander und sorgen für einen umfassenden Erfahrungsaustausch zwischen allen!
- Nicht nur der Erfolg des Einzelnen ist uns wichtig, sondern auch der Austausch von Best Practices, damit wir alle erfolgreich werden.
- Wenn die Situation es erfordert, treten wir auch einmal von Einzelinteressen der Teams zum Wohle aller zurück.

Gerade für die Generation Y und Z spielen Werte eine große Rolle. Sie wollen den Sinn verstehen, wofür sie sich einbringen sollen. Nur wenn die soziale Unterstützung spürbar ist, können Hochleistungsteams entstehen. Denn der Rückhalt in schwierigen Situationen baut Vertrauen in die eigene Leistungsfähigkeit auf. Natürlich müssen die Mitarbeiter dies auch wollen, was in unserem Beispiel doch einige Überzeugungskraft kostete. Viele glaubten nicht mehr an das Unternehmen und hatten Angst, dass der „alte Geist der beiden Topmanager" nie mehr verschwindet.

3. Ausbau des Leistungsmotivs mit Lust auf Neues

Um das Leistungsmotiv in dem Beispielunternehmen auszubauen, wurde es notwendig, die Schmerzvermeidungsstrategie wieder zu löschen. Bedrohungen aus der Vergangenheit wurden dabei genauso besprochen wie die Sinnhaftigkeit und Richtigkeit der neuen Strategie. Durch eine integrative Vorgehensweise wurden viele Ängste ab- und Zuversicht aufgebaut.

Viele lernten wieder, dass man sich durch Misserfolge nicht entmutigen lassen sollte und dass es sich lohnt, aktiv die Umsetzung der Strategie zu unterstützen. Durch ein hohes Maß an unternehmerischer Freiheit, die den Mitarbeitern und Führungskräften zugesprochen wurde, entstand eine extrem positive wirtschaftliche Entwicklung dieses Unternehmens.

Denkanstöße für den Einstieg

- Wie offen reden Sie über die teamübergreifende soziale Unterstützung in Ihrem Unternehmen?
- Wie sind Erfolgs- und Misserfolgsmotiv in Ihrem Unternehmen verteilt – was überwiegt in den Meetings?
- Haben Sie echte Hochleistungsteams in Ihrem Unternehmen und was tun Sie dafür, dass diese Leistungsmotivation nicht abnimmt?
- Wie ehrlich gehen Sie mit Ihren Führungskräften und Teams um, damit Misserfolge schnell beseitigt werden können?
- Wo sehen Sie in Ihrem Unternehmen die wirtschaftspsychologischen Hürden in der Background Personality, um die Strategien agiler umzusetzen?

Literatur

Neun W (2015) Innovationen im Mittelstand erfolgreich managen. Springer Fachmedien Wiesbaden GmbH, Wiesbaden

9

Fehlzeiten reduzieren und Resilienz fördern mit proactive Coping

Wann diesen Tipp anwenden

- Wenn die Fehlzeitenquote in Ihrem Unternehmen über dem Durchschnitt liegt
- Wenn Engpässe bei Mitarbeitern zur Tagesordnung gehören
- Wenn die Führungskräfte nicht mehr können und ständig krank sind
- Wenn mehr über die Arbeitsbelastung gesprochen wird statt über Arbeitsinhalte

9.1 Situationsbeschreibung am praktischen Beispiel

Die Anzahl der psychologischen Erkrankungen ist in den Unternehmen in den letzten Jahren um mehr als 20 % angestiegen – eine beängstigende Zunahme, die nicht nur darauf basiert, dass erst seit einigen Jahren Burn-out und Erschöpfungszustände in die Krankenstatistiken einfließen. Der digitale Wandel hat unsere Arbeitswelt dermaßen beschleunigt, dass unser Gehirn mit dieser Belastung oft nicht mehr mithalten kann. Die Fülle der Aufgaben wächst stetig, und die Zeit für die Bearbeitung

© Springer Fachmedien Wiesbaden GmbH, ein Teil von Springer Nature 2020
W. Neun, *Digitale Transformation und Agilität in der Praxis*,
https://doi.org/10.1007/978-3-658-19624-0_9

sinkt dabei kontinuierlich. Eine permanente Erreichbarkeit und der Zwang, überall dabei sein zu müssen, sorgen für eine hohe innere Anspannung, die Ausgeglichenheit und Gelassenheit fast unmöglich machen. Dieser Zustand, bei dem zu viele Absichten in unserem Intensionsgedächtnis (s. Abb. 9.1) vorhanden sind, sorgen für eine Dauerbelastung, bei der unser Gehirn seine Funktion verweigert. Man sieht keine Chance mehr, allen Anforderungen im Beruf und privat gerecht zu werden. Die Folgen sind schlechter und wenig Schlaf, zu viel Alkohol oder andere Drogen und dann folgt der Erschöpfungskollaps. Dieses Krankheitsbild hat für die Unternehmen meist sehr gravierende Folgen. Neben dem Fachkräftemangel, der ja ebenfalls zur Überbelastung der vorhandenen

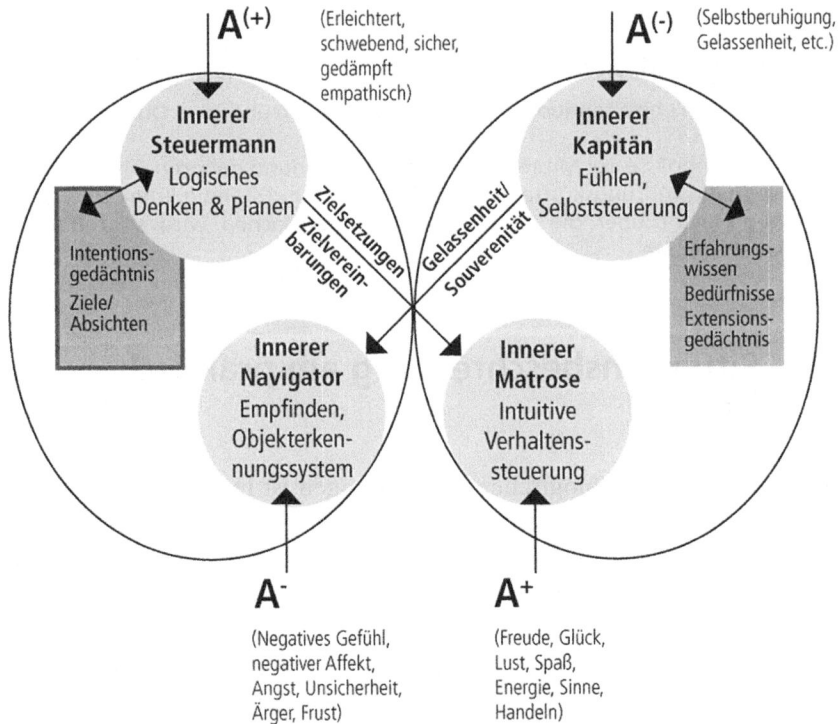

Abb. 9.1 PSI-Theorie – Persönlichkeit-System-Interkation nach Kuhl 2001. (In Anlehnung an Neun 2015, S. 107; mit freundlicher Genehmigung von © Springer Fachmedien Wiesbaden GmbH 2015. All Rights Reserved)

Mitarbeiter führt, führen hohe Fehlzeiten, also Krankheitstage, zu einer weiteren Produktivitätsbremse.

Diese Situation bestand auch in unserem Beispielunternehmen aus der Elektronikbranche. Als Zulieferer im Automobilbereich waren Tempomanagement und Präzision eine Notwendigkeit, und jede Art von Produktivitätsverlust konnte sich zu einer Katastrophe entwickeln. Mit seinen weltweit ca. 2500 Mitarbeitern produziert das Unternehmen Bauteile für die Automobilbranche und angrenzende Bereiche. An einem Fertigungsstandort lag die Fehlzeitenquote inzwischen mit über 13 % weit über dem üblichen Durchschnitt von ca. 2–3 %. Woran lag das?

Das Unternehmen hatte eine ganz neuartige Technologie in der Fertigung eingesetzt, um innovative Produkte herstellen zu können. Das Geschäft brummte und die Umsätze wuchsen kontinuierlich. Was aber nicht kontinuierlich wuchs, war die Mitarbeiteranzahl an diesem norddeutschen Standort. Grund hierfür waren nicht schlechte Gehälter oder lange Arbeitszeiten bzw. Arbeitsbelastungen, sondern es gab einfach zu wenig Spezialisten für diesen komplexen Produktionsprozess. Der Fachkräftemangel wirkte lähmend für den Standort und war für die Mitarbeiter besonders belastend.

Neben diesem rein quantitativen Problem zeigte sich aber auch eine noch dramatischere qualitative Herausforderung. Die Meister und Führungskräfte an diesem Produktionsstandort hatten die Background Personality des Standorts in eine Situation der Hoffnungslosigkeit und extremen Motivationsschwäche getrieben (s. Abb. 9.2).

Es zeigte sich sehr deutlich, dass die Identifikation der Mitarbeiter mit dem neuen Produkt und dem innovativen Produktionsverfahren sehr gering war. Die Sinnhaftigkeit der Aufgaben und der Inhalte war von den Führungskräften psychologisch nicht richtig vermittelt worden, was den innerlicher Rückzug der Teams zur Folge hatte. Viele energiefressende Diskussionen über das „Warum und Wieso" der neuen Produktionsverfahren und Produkte fanden statt. Statt die Energie auf die Kompensation des Fachkräftemangels und der damit verbundenen Mehrarbeit zu richten, wurde die Energie in diesen oft beklagenden Diskussionen in den Teams verschwendet, was in noch weniger Zeit und vor allem Energie für die eigentlichen Herausforderungen im Produktionsprozess resultierte. Die Überforderung des Einzelnen stieg rapide an und führte letztendlich in Summe zu hohen Fehlzeiten.

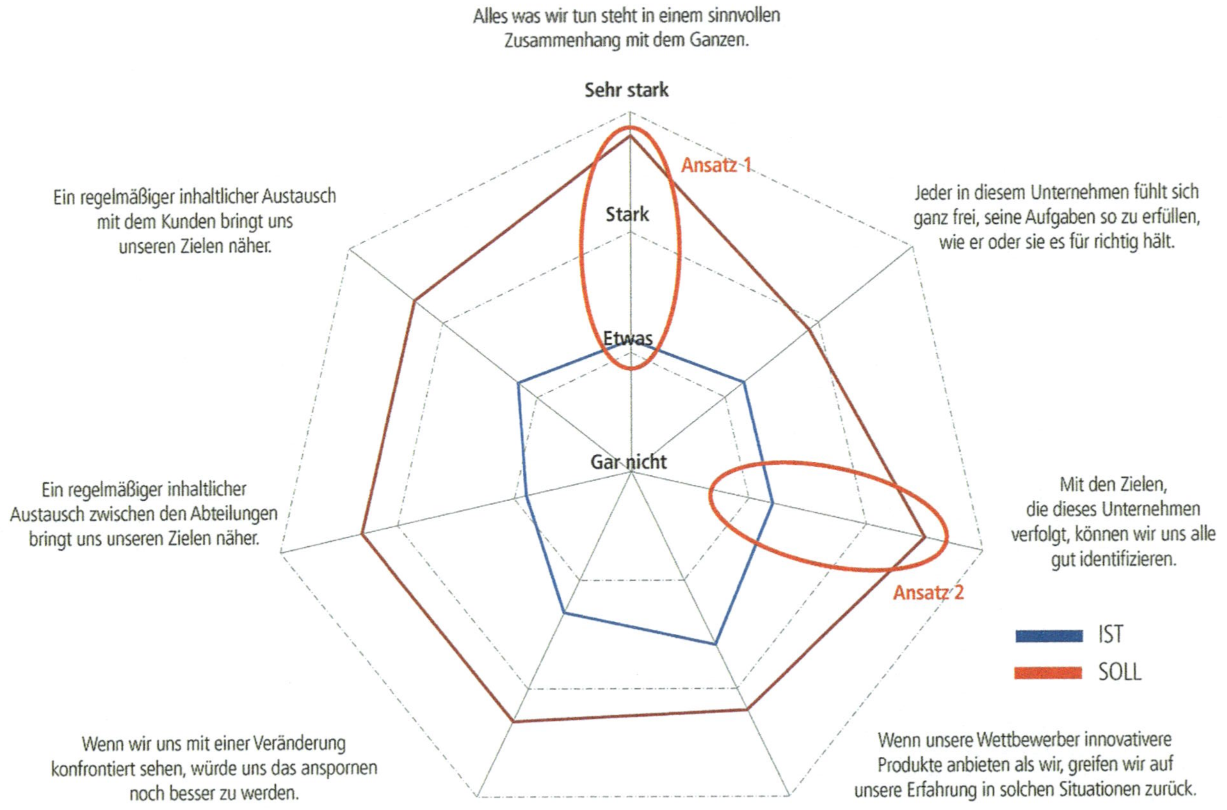

Abb. 9.2 Background Personality des Beispielunternehmens

9.2 Problemdiagnose

Durch die geringe oder gar fehlende Identifikation mit den neuen Verfahren und Produkten entstand in den Mitarbeitern eine Sinnleere, die es dem Gehirn schwer machte, Spitzenbelastungen auszuhalten und vorgegebene Ziele zu erreichen. Dabei sind die zielbezogene Aufmerksamkeit und das Proaktive Coping zwei wesentliche Faktoren für ein hohes Resilienzlevel gegen Stress.

Bei der zielbezogenen Aufmerksamkeit geht es darum, dass sich das Individuum oder ein Team auf ein Ziel und dessen Erreichung, in unserem Beispiel das neue Produktionsverfahren einzuführen, nur dann konsequent konzentrieren kann, wenn es sich mit dem Ziel auch identifizieren kann. Fehlt diese Identifikation, dann lässt man sich schneller ablenken und hält nach neuen Zielen oder Herausforderungen Ausschau. Die Aufmerksamkeit wird vom Ziel abgelenkt, was dann zu einem Produktivitätsverlust führt.

Genauso verhält es sich auch beim proaktiven Coping. Wenn ich den Grund und die Ursachen für neue Herausforderungen nicht erkenne, werde ich auch diese Herausforderungen nicht aktiv angehen und nicht versuchen, diese zu lösen. Die Eigeninitiative wird extrem eingeschränkt, was wiederum dazu führt, dass die Probleme im Produktionsprozess zwar erkannt werden, aber sich niemand verantwortlich fühlt, diese auch zu lösen. Beide Resilienzfaktoren sind, neben zehn weiteren Kategorien, bei einem niedrigen Level mitverantwortlich, dass der Einzelne erkrankt (s. Abb. 9.3).

Dieser Erkrankung kann nur durch Stärkung der Individualresilienz und der Teamresilienz entgegengewirkt werden. Das wiederum verlangt eine gezielte und konsequente Beeinflussung der Background Personality, um die Fehlzeitenquote auch nachhaltig zu senken.

Diese Resilienzschwäche in der Teamresilienz der Background Personality war aber nicht das einzige Problem, das zu diesen hohen Fehlzeiten führte. Ebenso entscheidend war die Tatsache, dass diese sehr „unzufriedene" Background Personality einen hohen Anpassungsdruck auf die Führungskräfte und Mitarbeiter ausübte. Alle wollten nur noch raus aus dieser Zwangsjacke, aber keiner wusste so richtig, wie es gehen könnte.

Die 12 Resilienzkategorien

1. Selbstbestimmung

2. Selbstwirksamkeit

3. Selbstmotivierung / Selbstaktivierung

4. Selbstberuhigung

5. Zielbezogene Aufmerksamkeit

6. Empathie

7. Proaktives Coping

8. Optimismus

9. Verstehbarkeit

10. Interne Kontrollüberzeugung (Handhabbarkeit)

11. Kohärenzerleben (Bedeutsamkeit)

12. Soziale Unterstützung

Abb. 9.3 Die 12 Resilienzkategorien

Die Folge war extrem viel Kritik an allem und allen. Streit war in sämtlichen Bereichen erkennbar und machte das Betriebsklima unerträglich. Schlechte Laune erzeugte noch mehr schlechte Laune, und zum Schluss wollte keiner mehr mit keinem reden. Alles, was hätte verändert werden müssen, wurde kritisiert und zerredet. Damit wurden notwendige Verbesserungen nicht umgesetzt und der Gesamtzustand im Prozess, also die Leistungserbringung, wurde immer noch schlechter.

Dieser Produktivitätsrückgang rief dann das oberste Management auf den Plan, was seinerseits wieder den Druck auf die lokalen Führungskräfte erhöhte. Diese gaben den Druck dann eins zu eins weiter, da sie selbst nicht mehr wussten, was sie tun sollten, um die Situation zu retten. Hilfestellungen kamen nur von den Betriebsräten, die aber ebenfalls nicht wussten, wie sie mit einer solchen Background Personality umgehen sollten. Es fehlte schlichtweg an methodischer Ausbildung für ein effektives Background-Personality-Management. Die Situation schien aussichtslos und drohte, in einer Katastrophe zu enden.

Kurz bevor man sich überlegte, ob es nicht sinnvoll wäre, den Standort zu schließen, wurde eine Analyse der Background Personality vorgenommen. In dieser Analyse zeigten sich dann die beschriebenen Ursachen, aber auch die möglichen Lösungen, um den Standort doch noch zu retten.

9.3 Problemlösung aus der Praxis

Im Wesentlichen wurden an dem genannten Standort nachfolgende Problemlösungen durchgeführt, um dann nach ca. vier Monaten wieder auf drei Prozent Fehlzeitenquote und gesteigerte Produktivität zu kommen.

1. Neue Werte für die Führung und Ziele definieren

Im Rahmen mehrerer Workshops und Einzelgespräche wurden die Belastungsfaktoren und die subjektive sowie teambezogene Wahrnehmung gegenüber den Stressoren erfasst. Daraus konnten dann Ansätze entwickelt werden, die es ermöglichten, ein neues Wertegerüst für die Führungskräfte und das Teamverhalten aufzubauen. Zentrale Themen dabei waren u. a.:

- Eigeninitiative fördern
- zielbezogene Aufmerksamkeit sichern
- Mut machen für Veränderungen
- Selbstbestimmung vor Fremdbestimmung

Mit diesen und weiteren Werten gelang es den Führungskräften, wieder Vertrauen in die Background Personality zu bringen und die gemeinsam definierten Ziele auch anzugehen.

2. Schnittstellen klären und Zuständigkeiten beschreiben

Ein großes Streitthema war die Unklarheit über die Zuständigkeiten einzelner Personen oder Fertigungsinseln. Viele Schnittstellen waren gar nicht oder unsauber beschrieben, was immer zu Missverständnissen und Fehlern führte. Hier wurde ein Organisationsteam eingesetzt, das über eine definierte Methode genau diese Schwachstellen in der Organisation beseitigte. Die Führungskräfte hatten dabei eine eher moderierende Funktion. Die Teams bekamen damit einen Vertrauensvorsprung, was zu einer Steigerung der Identifikation und damit zur Verbesserung des Leistungsmotivs in der Background Personality führte.

3. Leitbildorientierte Ziele entwickeln und einführen

Um die Background Personality nachhaltig zu ändern, war es wichtig, dass die Arbeitsgruppen und Teams über ein eigenes Leitbild neue Orientierung erhielten. Dabei ging es nicht um die bereits beschriebenen Werte für die Führung, sondern um sinnstiftende Inhalte für das gesamte Produktionsteam, so z. B.:

- Welchen Beitrag leisten wir für das Gesamtunternehmen?
- Welchen Stellenwert haben wir insgesamt in der Leistungserstellungskette im Unternehmen?
- Was ist unsere Rolle und damit der Sinn unserer Aufgabe?

Das sind nur einige Fragen, die in diesem Leitbild diskutiert, beschrieben und visualisiert wurden.

Mit kleinen Memorycards trägt heute ein jeder Mitarbeiter dieses Leitbild bei sich. Bei kritischen Fragen oder Entscheidungen wird darauf verwiesen. Damit bekam die gesamte Background Personality eine neue und nachhaltige Orientierung für ihr Sein und Handeln.

Diese Neuorientierung sorgte für einen Motivationsschub und eine wertschöpfende Eigendynamik, was sich letztendlich in den Kennzahlen des Standorts positiv widerspiegelte. Diese Kennzahlen wurden ebenfalls mit dem Team gemeinsam entwickelt und deren Sinn sehr detailliert erläutert. Auch dies führte zu mehr Selbstbestimmtheit in der Organisation und proaktivem Coping. Denn man wusste jetzt sehr genau, warum es wichtig war, bestimmte Herausforderungen aktiv anzugehen – die Kennzahlen zeigten ja dann den Erfolg des eigenen Bemühens.

Denkanstöße für den Einstieg

- Wie hoch sind Ihre Fehlzeiten an verschiedenen Standorten oder Organisationseinheiten?
- Klagen Ihre Mitarbeiter oft über Konzentrationsschwächen?
- Sind Kompetenzen und Verantwortungen in Ihren Teams eindeutig geklärt?
- Haben Ihre Abteilungen eigene Leitbilder entwickelt?
- Denken Ihre Führungskräfte in übergreifenden Prozessen oder eher in Abteilungen?

Literatur

Neun W (2015) Innovationen im Mittelstand erfolgreich managen. Springer Fachmedien Wiesbaden GmbH, Wiesbaden

10

Agilität des gesamten Unternehmens steigern durch Querdenken

Wann diesen Tipp anwenden
- Wenn die Flexibilität und Anpassungsfähigkeit des Unternehmens ständig an Grenzen stoßen
- Wenn Eigeninitiative nicht gelebt wird
- Wenn die Fähigkeit für spontane Problemlösungen nur eingeschränkt vorhanden ist
- Wenn nicht in Prozessen gedacht wird

10.1 Situationsbeschreibung am praktischen Beispiel

Agilität hat sich zu einem Modewort entwickelt, wenn es darum geht, über neue Formen der Zusammenarbeit und Leistungserbringung in Organisationen zu sprechen. Für das Background-Personality-Management ist dies hingegen schon seit Langem die tägliche Praxis. Die Flexibilisierung und die Schaffung von beweglichen Strukturen und Einheiten bedürfen einer gezielten psychologischen Betreuung der Background Personality. Nur wenn diese Betreuung erfolgreich verläuft, ist es möglich,

© Springer Fachmedien Wiesbaden GmbH, ein Teil von Springer Nature 2020
W. Neun, *Digitale Transformation und Agilität in der Praxis*,
https://doi.org/10.1007/978-3-658-19624-0_10

Ansätze wie Social Prototyping oder mehrwertorientiertes Systemmanagement einzuführen.

Als Beispielunternehmen für dieses Thema habe ich ein kleines Unternehmen aus der Dentalbranche ausgesucht. Mit seinen 250 Mitarbeitern liefert es Zahnärzten und Dentallaboren Lösungen für deren tägliche Arbeit. Das Unternehmen kann auf eine lange Tradition zurückblicken. Diese Tradition stellt aber auch eine Herausforderung für die Background Personality dar, wenn es darum geht, mehr Agilität für die Anforderungen des digitalen Zeitalters aufzubauen.

Dieser Situation stehen viele mittelständische Unternehmen gegenüber, weil sie nicht wissen, wie sie diese Agilität praktisch aufbauen sollen, ohne dabei die bisherigen Erfolgsfaktoren zu gefährden. In vielen Coachings spürt man förmlich die Angst vor Identitäts- und Kontrollverlust. Hier wirken Kräfte in der Background Personality, die nur durch gezielte psychologische Intervention gebändigt und damit für die Agilität nutzbar gemacht werden können.

In diesem Beispielunternehmen zeigte sich immer häufiger, dass die bis dato sehr gut funktionierenden Abläufe und die Strukturen eher bremsend als förderlich wirkten. Die wachsende Geschwindigkeit insgesamt, die Individualisierung von Leistungen und die Fragilität von Beziehungen zu Kunden und Lieferanten zwangen das Unternehmen zum Umdenken.

Das Unternehmen war nicht in der Lage, einfach mehr Personal einzustellen, um den Herausforderungen der Märkte gerecht zu werden, denn die Personalkosten stellten bereits eine Last für das kleine Unternehmen dar. Also wurde darüber nachgedacht, wie man mit dem bestehenden Personal mehr Flexibilität und Agilität aufbauen könnte. Dabei erkannte man, dass die traditionellen Werte hier eher eine Behinderung waren als eine Unterstützung. Hier waren Werte gemeint wie z. B.:

- Jede Leistung muss 150 % geprüft und kontrolliert sein – denn Qualitätsanforderungen müssen immer übererfüllt werden, um weiterempfohlen zu werden.
- Neue Produkte werden umfassend getestet – Prototyping beim Kunden war verboten.

- Jede Entscheidung muss vom Inhaber genehmigt werden, wenn eine potenzielle Gefahr für das Unternehmen besteht.
- Jeder hat sich in seinen Abteilungsgrenzen zu bewegen und sich nicht übergreifend mit Ideen in anderen Abteilungen einzumischen.
- Das Qualitätshandbuch und die Organisationsrichtlinien hatten den Status einer heiligen Kuh.
- Führungskräfte hatten zu mehr als 85 % Sachaufgaben zu lösen, statt zu führen.

Die traditionellen Werte des Unternehmens waren aber nicht das einzige Problem. Auch neue Ansätze wie Homeoffice oder flexible Arbeitszeiten waren ebenso tabu wie Auszeiten oder Sabbatical.

Unter diesen Rahmenbedingungen hat sich eine Background Personality gebildet, die vor allem das Leistungsmotiv, also die stoische Abarbeitung von Aufgaben, förderte. Die Bereitschaft für Eigeninitiative war sehr gering. Dies lag nicht an der fehlenden Motivation oder der mangelnden Identifikation der beteiligten Akteure, sondern an der Tatsache, dass die Background Personality dies nicht vorsah. Spontane Anpassungen oder kreative Problemlösungen erfordern ein Stück Gelassenheit und mehrere gestalterische Machtmotivler. Diese fühlten sich aber in der vorhandenen Background Personality nicht wohl und kündigten oder bewarben sich erst gar nicht – ein häufig beobachtbares Phänomen. Ein stabile Background Personality betreibt gewissermaßen Inzucht hinsichtlich der Mitarbeiterauswahl. In einer eher strukturierten, logischen und leistungsorientierten Background Personality fühlen sich kreative Querdenker eher weniger wohl. Also bekommt die Background Personality genau die Mitarbeiter, die am besten zu ihr passen. In unserem Beispielunternehmen waren es in der Tat vor allem Leistungsmotivler mit dem Hang zur Lageorientierung. Dies bedeutet, dass bei schwierigen Entscheidungen oder schnell zu lösenden Aufgaben die Organisation ins „Grübeln" verfiel, statt zu handeln. Alles wurde mehrfach diskutiert, analysiert und über Konzepte beschrieben. Die Konsequenzen dieser Lageorientierung waren Langsamkeit und geringe Anpassungsfähigkeit für die Herausforderungen der Märkte.

10.2 Problemdiagnose

Wie beschrieben, waren die einseitigen Prägungen der Mitarbeiter für die Organisation dieses Beispielunternehmens eine zentrale Herausforderung, die es zu verändern galt. Dieses Problem konnte aber erst dann angegangen werden, wenn es gelang zu erkennen, was eigentlich ursächlich für diese Art der Background Personality war. Eine Reihe von Interviews, Analysen über ein Online-Survey und Recherchen in der Historie des Unternehmens brachten folgende Ursachen zum Vorschein:

* Anpassungsfähigkeit war für das Unternehmen immer eine Frage von Durchhaltevermögen und Hartnäckigkeit, aber nicht Agilität und Flexibilität.
* Die Inhaber des Unternehmens waren Traditionalisten und vor allem sehr konservativ im Bereich Investment, Risikofreudigkeit und Mitarbeiterführung.
* Die Kontrollsucht der Führungskräfte hatte eine lange Tradition, bei Problemen wurde immer nach Schuldigen gesucht wurde und weniger nach Lösungen.
* Kritik und Fehlerkultur waren herzoglich geprägt – nach dem Motto: „Ober sticht Unter".
* Die Bereitschaft zur aktiven Veränderung war immer nur unter extremem Leidensdruck akzeptabel und vorhanden.
* Eine Grundmentalität des „Aussitzens" von schwierigen Entscheidungen war typisch für den Führungsstil.

Alle diese exemplarisch aufgeführten Faktoren sowie eine Reihe weiterer Ursachen, die sich in der Aufbauorganisation und der Prozessbeschreibung wiederfanden, erzeugten diese Background Personality mit ihren blockierenden Ansätzen und der extremen Lageorientierung. Bei der Problemlösung war nicht die Neudefinition der Background Personality allein die zentrale Herausforderung, sondern auch eine nachhaltige Einstellungs- und Verhaltensänderung aller hoch dekorierten Führungskräfte. Noch war kein Leidensdruck in der Organisation angekommen, der bei den Führungskräften als Argument für eine Einstellungsänderung gegolten hätte. Aus diesem Grund musste durch sehr subtile psychologische Kleinstarbeit bei jedem Einzelnen eine Veränderung ausgelöst werden. Gefördert wurde dies glücklicherweise durch die Nachfolgegeneration, die gerade dabei war, das Unternehmen zu übernehmen. Die Nachfolger erkannten die Gefahren für die Zukunft und forderten daher ein „Fit for Future"-Programm von den Führungskräften.

10.3 Problemlösung aus der Praxis

Dieses „Fit for Future"-Programm bestand vor allem aus nachfolgenden Punkten:

1. Einstellungs- und Verhaltensänderung der Background Personality
Dabei ging es insbesondere darum, dass die zuvor erkannte Einseitigkeit in der Prägung der Background Personality abgebaut wurde. Hierzu wurde im ersten Schritt eine neue Abteilung für Innovationsmanagement und Methodentransfer gegründet, in der junge und kreative Querdenker eine Anlaufstelle für neue Ansätze zur Steigerung der Agilität fanden. Inzwischen ist diese Abteilung überflüssig geworden, da das gesamte Unternehmen in allen Bereichen mit diesem neuen Geist der Flexibilität durchdrungen wurde. Selbst langjährige Mitarbeiter trauten sich jetzt mehr Risiken zu und begannen, experimenteller zu agieren. Dabei wurden Erfahrungs-/Treiberteams gebildet. Diese Teams wurden immer nur projektbezogen zusammengestellt und bestanden aus einer treibenden, kreativen und querdenkenden Gruppierung sowie einer eher erfahrenen und traditionell orientierten Gruppe. Somit war sichergestellt, dass die Background Personality langsam, aber sicher aus der Lageorientierung in die Handlungsorientierung wechselte, ohne dabei zu aktionistisch zu werden. Eine zu einem späteren Zeitpunkt wiederholte Untersuchung bestätigte diese Verhaltens-/Einstellungsänderung der Background Personality.

2. Abbau veralteter Werte und Aufbau neuer Ansätze
Damit die Mitarbeiter und Führungskräfte schneller entscheiden konnten und auch mehr Eigeninitiative entwickelten, wurden alle bisherigen Unternehmenswerte auf den Prüfstand gestellt. Das Ergebnis war ein

völlig neuer Werteansatz, der gerade die Gelassenheit und das gestalterische Machtmotiv förderte. Hierzu gehörten im Produktmanagement z. B.:

- Wir sind die Treiber für unsere Produkte und Dienstleistungen.
- Wir denken quer und vernetzt, wenn wir nach neuen Problemlösungen suchen.
- Wir glauben an uns und unsere Leistungskraft, auch schwierigste Probleme schnell zu lösen.

Wichtig war dabei aber nicht nur die gemeinschaftliche Formulierung dieser Werte, sondern auch die Anpassung der Rahmenbedingungen, damit diese Werte auch gelebt werden konnten. Beispielsweise wurden Schnittstellen neu definiert, Aufgaben verlagert, Grenzen zwischen Abteilungen eingerissen, Vorurteile abgebaut und flexibles Social Prototyping eingeführt. Teams konnten sich durch das Social Prototyping schnell und unkompliziert bilden, um dann festzustellen, ob diese Art der Zusammenarbeit mehrwertstiftend war oder nicht. Dabei bedurfte es keiner Organigramm-Anpassungen oder neuer Aufgaben- und Stellenbeschreibungen – es wurde einfach gemacht und ausprobiert. Lernen durch Fehler war das neue Kulturcredo und förderte damit den Transformationsprozess in der Background Personality.

3. Stärkung der Nachwuchsgeneration

Da sich in der Background-Personality-Analyse auch ein Generationenkonflikt abzeichnete, musste die Nachwuchsgeneration gestärkt werden. Hierzu wurden neue vertikale Karriereformen eingeführt, Agilitätsverhalten mit Bonus versehen und ein Ideenmanagement installiert, das jedem erlaubte, seine Idee bis zur obersten Entscheidungsebene zu transportieren, wenn es sein musste auch am direkten Vorgesetzten vorbei. Dabei wurden auch die Arbeitszeiten flexibilisiert und Homeoffice als offizielle Organisationsform eingeführt.

Diese für das Unternehmen doch sehr innovativen Ansätze zogen bei Neueinstellungen immer mehr engagierte und handlungsorientierte Querdenker an. Diese beflügelten den Veränderungsprozess und entwi-

ckelten immer neuere Formen der organisatorischen und teamorientie-
ren Zusammenarbeit zur Steigerung der Agilität.

Heute zeichnet das Unternehmen eine extreme Dynamik, Anpassungsfähigkeit und Flexibilität aus, was sich in der positiven Entwicklung
der Kennzahlen widerspiegelt. Die Background Personality ist handlungsorientiert und agil geworden.

Denkanstöße für den Einstieg

- Wie oft werden in Ihrem Unternehmen Spontanreaktionen torpediert?
- Wie risikofreudig sind Ihre Mitarbeiter und Führungskräfte?
- Wie hoch ist die Lust auf Veränderung in Ihrer Organisation?
- Wirken in Ihrem Unternehmen die Tradition und die Innovation erfolg-
  reich zusammen?
- Wie agil und flexibel ist Ihre Organisation wirklich?

Zusammenfassung der zentralen Erkenntnisse und Ausblick

Wenn man sich die Forschungsergebnisse und die vielen praktischen Beispiele zum Background-Personality-Management anschaut, dann zeigt sich, welches Potenzial in dieser neuen Art der Organisationsentwicklung und des Stimmungsmanagements liegt. Ein Potenzial, das bis heute von nur sehr wenigen Unternehmen systematisch und damit vollumfänglich gehoben wird. Lassen Sie uns einen Blick darauf werfen, welche Personengruppen und Funktionen in den Unternehmen vom Background-Personality-Management profitieren können.

Viele Unternehmenslenker und Führungskräfte suchen nach neuen Wegen, um ihre Organisationen für das digitale Zeitalter fit zu machen. Dabei wird jedoch mehr auf Technik, klassische Organisationsentwicklung und Personalentwicklung sowie IT gesetzt als auf den Faktor, von dem alles abhängt: den Menschen. Natürlich braucht das Unternehmen eine Big-Data-Analysestruktur, natürlich ist es notwendig, neue IT-Architekturen über Clouds zu entwickeln, aber wir dürfen nicht vergessen, dass der Mensch schlussendlich entscheiden muss, was geschieht, und er am Ende hierfür auch die Verantwortung trägt. Daher ist das professionelle Background-Personality-Management nicht nur eine Methode zur Organisationsentwicklung, sondern auch und gerade ein Instrument, um dem Menschen den Stellenwert in der Leistungserbringung zurückzugeben, die ihm zusteht.

© Springer Fachmedien Wiesbaden GmbH, ein Teil von Springer Nature 2020
W. Neun, *Digitale Transformation und Agilität in der Praxis*,
https://doi.org/10.1007/978-3-658-19624-0

Die Zielgruppen des Background-Personality-Managements

Lassen Sie mich eine kurze Zusammenfassung der zentralen Zielgruppen für die Methodik des Background-Personality-Managements geben.

Projektmanager
Viele Projekte werden im digitalen Zeitalter mit einer Fülle von Informationen gestartet, sodass unsere Wahrnehmung und damit das Urteilsvermögen sehr schnell überfordert sind. Die Untersuchung der Background Personality hat dabei gezeigt, dass Projekte unter Einsatz von Erkenntnissen der Background-Personality-Forschung schneller, flexibler und effizienter umgesetzt werden können. Dies liegt vor allem daran, dass die Background Personality vom Stimmungsmanagement geleitet wird und selber dieses Stimmungsmanagement mitgestaltet. Überzeugungsarbeit für und das Einschwören auf Projektziele geht wesentlich schneller und nachhaltiger, wenn man die Struktur seiner Background Personality kennt und auch verstanden hat. Denn nur dann kann diese unsichtbare Hand auch beeinflusst und erfolgsorientiert eingesetzt werden. Eine Tatsache, die schon manchen Projektcrash hätte vermeiden können.

© Springer Fachmedien Wiesbaden GmbH, ein Teil von Springer Nature 2020
W. Neun, *Digitale Transformation und Agilität in der Praxis*,
https://doi.org/10.1007/978-3-658-19624-0

Führungskräfte und Unternehmenslenker

Was nützen uns kranke oder resilienzschwache Mitarbeiter. Die Quelle zur Stressbewältigung liegt in den Background Personality verborgen. Wenn es gelingt, diese Selbstheilungskräfte gezielt zu aktivieren, dann wird resilienzorientierte Führung zur Wirklichkeit. Gerade in Zeiten des Fachkräftemangels, wo leistungsstarke Mitarbeiter immer seltener werden, spielt eine motivierende, handlungsorientierte und bei Problemen immer gelassene Background Personality eine zentrale Rolle. Wenn ich als Führungskraft oder als Unternehmer diese Wirkmechanismen in der Background Personality nicht kenne, dann vergebe ich ein großes Optimierungs- und letztendlich auch Ertragspotenzial. Gleichgültig, ob es um die Reduzierung der Fehlzeiten, die Steigerung der Agilität oder um die Motivation von Teams geht, in allen Belangen zeigt das Background-Personality-Management die Chancen und Möglichkeiten auf, nach denen heute so dringend gesucht wird.

Mitarbeiter

Als Mitarbeiter versucht jeder, sich in der Organisation, für die er arbeitet, zurechtzufinden. Dieses Zurechtfinden darf aber kein Einordnen sein, sondern muss ein freies Entfalten der eigenen Fähigkeiten sein. Nur wenn dies gewährleistet ist, bringt jeder Mitarbeiter seine Leistungsfähigkeit in vollem Umfang in das Unternehmen ein. Ein Weg, um dies sicherzustellen, ist eine bewusste und methodisch gestützte Auseinandersetzung mit der Background Personality. Viele unnötige Diskussionen, Streitigkeiten oder schlechte Stimmung könnten in den heutigen Organisationen vermieden werden, wenn die Mitarbeiter den Zustand und die Struktur ihrer Background Personality kennen würden. Gerade durch die extreme Geschwindigkeit im digitalen Wandel und durch die hohen Anforderungen an alltägliche Entscheidungen ist es wichtig geworden, dass wir unsere Energie auf das Wesentliche lenken und nicht im Rahmen von Demotivationen durch die Background Personality vergeuden. Background-Personality-Management ist damit ein Dienst am Menschen, der in den Organisationen für den Erfolg sorgt, welcher unseren Wohlstand und unsere Zukunft sichert.

Ausblick

Wir leben in sehr bewegten Zeiten. Viele Dinge, die wir als sicher und stabil erachtet haben, sind heute volatil und ständigen Anpassungen unterlegen. Dieser Zustand ist aber erst der Anfang von noch größeren Veränderungen und Umwälzungen in der Zukunft. Die Digitalisierung wird nicht nur alle unsere Lebensbereiche verändern, sondern auch unsere Art zu leben und zu lernen selbst. Wir werden uns immer mehr auf einzelne Themen fokussieren müssen und nur kleinere Bereiche überblicken können. Dieser fehlende Überblick wird uns dann Angst machen. Eine Angst, die dazu führt, dass wir in unseren Organisationen nach noch mehr Halt suchen werden als bisher. Das Stimmungsmanagement wird dabei zu einer Notwendigkeit des Überlebens, denn der Druck zur Anpassung wird immer größer. Dann wird es wichtig, genügend Gelassenheit entwickeln zu können, dass dieser Veränderungsdruck für jeden auch ertragbar wird.

Nicht nur der Veränderungsdruck wird uns zukünftig noch mehr belasten als heute, sondern auch die Tatsache, dass wir uns alle immer mehr überfordern und es entsteht eine Schere zwischen dem, was wir wollen, und dem, was tatsächlich leisten können. Dieser extrem hohe Selbstanspruch wird nicht zuletzt auch durch die sozialen Medien und die Erziehung in Schulen und Universitäten angeheizt. Überall dabei sein und

© Springer Fachmedien Wiesbaden GmbH, ein Teil von Springer Nature 2020
W. Neun, *Digitale Transformation und Agilität in der Praxis*,
https://doi.org/10.1007/978-3-658-19624-0

überall mitmachen heißt, fremd- und nicht selbstbestimmt zu sein. Hier wird der Background Personality im Hinblick auf den Aufbau von Resilienzkraft und Selbstbestimmung eine zentrale Rolle zugeschrieben. Denn nur wenn ich mich in einer Background Personality wiederfinde, die mir Zuversicht und Stärke gibt, kann ich mich gut entfalten und Kraft tanken. Dann erkenne ich auch, was wichtig und dringend ist und was ich eher vernachlässigen kann.

Die Herausforderungen der Zukunft werden sehr vielschichtig sein, aber eines immer vorhanden sein: den Zwang zur schnellen Entscheidung, Veränderung und Anpassung. Das eigene Verhalten richtig zu gestalten wird nicht nur zum Erfolgsfaktor der Zukunft, sondern auch zur psychologischen Selbstheilung in einer Umwelt, die erbarmungslos immer mehr von uns will und unsere Wahrnehmung dauerhaft überfordert. Das Background-Personality-Management wird dabei in den Unternehmen zu einem Schlüssel für psychologische Hygiene und eine Quelle der Kraft und Zuversicht. Dann wird Work-Life-Balance zur Selbstverständlichkeit und Geborgenheit und respektvoller Umgang werden zur Normalität im Büro und in sozialen Netzen.

Weiterführende Literatur

Karnath H-O, Thier P (2006) Neuropsychologie, 2. Aufl. Springer-Medizin, Wiesbaden (ISBN 10-3-540-28448-6)

Kahneman D (2011) Schnelles Denken, langsames Denken (dt. Ausgabe). Pinguin, München (ISBN 978-3-328-10034-8)

Kolb B, Wishaw IQ (1996) Neuropsychologie, 2. Aufl. Spektrum Akademischer, Heidelberg (ISBN 3-8274-0052-X)

Kuhl J, Storch M (2012) Die Kraft aus dem Selbst. Huber, Göttingen (ISBN 978-3-456-85012-2)

Kuhl J, Strehlau M (2010) Persönlichkeit und Motivation im Unternehmen. Kohlhammer, Stuttgart (ISBN 978-3-17-021470-5)

Le Bon G (2016) Psychologie der Massen, 14. Aufl. Nikol, Paris (ISBN 978-3-86820-026-3)

Wirtz MA, Strohmer J (Hrsg) (2014) Lexikon der Psychologie, 17. Aufl. Dorsch, Bern (ISBN 978-3-456-85460)

© Springer Fachmedien Wiesbaden GmbH, ein Teil von Springer Nature 2020
W. Neun, *Digitale Transformation und Agilität in der Praxis*,
https://doi.org/10.1007/978-3-658-19624-0

The manufacturer's authorised representative in the EU is Springer
Nature Customer Service Centre GmbH, Europaplatz 3, 69115 Heidelberg,
Germany. If you have any concerns regarding our products, please
contact ProductSafety@springernature.com

Printed and bound by CPI Group (UK) Ltd, Croydon, CR0 4YY
24/04/2026
02096337-0003